Der Wilde Westen im Bild

H. J. Stammel

Der Wilde Westen im Bild

Mit Beiträgen von W. Trappl

Orbis Verlag

Redaktion: Dr. Wilhelm Trappl
Herstellung und Layout: Johannes Eikel
Zeichnung der Karte Seite 12/13: Gerhard Kulwicki

Seite 2: Sioux-Medizinmann beschwört die Rückkehr des Bisons, 1873

Orbis Verlag für Publizistik GmbH, 1990
 Printed in Hungary
ISBN 3-572-02883-3

Inhalt

Vorwort

Mein Buch DER COWBOY. LEGENDE UND WIRKLICHKEIT VON A—Z. EIN LEXIKON DER AMERIKANISCHEN PIONIERGESCHICHTE ist im ersten Textteil eine zusammenfassende Kulturgeschichte des amerikanischen Cowboys, wie er als außergewöhnlicher Typ eines »Homo Americanus« bis zu jenem Zeitpunkt geradezu eine antiamerikanische Geisteshaltung verkörperte, an dem das »Rinderreich der freien Weide« in die »Rinderindustrie mit Stacheldrahtzäunen« überging.

Das Buch INDIANER. LEBEN, KAMPF, UNTERGANG. LEGENDE UND WIRKLICHKEIT VON A—Z ist eine Kulturgeschichte der nordamerikanischen Indianer. Es ist im ersten Teil auf die Auseinandersetzung der Indianer mit der vehementen Besiedlung des Landes durch die Amerikaner ausgerichtet und mit ausführlichen Kommentaren und subjektiven Darstellungen jeweils durch die Ereignisse betroffener Indianer bereichert.

Die lexikalischen Teile beider Bände beziehen sich in der Auswahl ihrer Stichwörter auf Einzelerläuterungen, die das in den vorangestellten Buchteilen entworfene Bild dokumentarisch knapp — durch historische Fotos, Skizzen, Zeichnungen, Zeittafeln und Statistiken ergänzt — untermauern und damit einen Überblick vermitteln, wie er in der bisherigen Sach- und Fachliteratur in dieser Art nicht geboten wurde.

Dieser Bildband, DER WILDE WESTEN IM BILD, ergänzt die beiden bereits vorliegenden Bände um eine — hauptsächlich optische — Variante. Er vervollständigt die beiden oben genannten enzyklopädischen Sachbücher, schafft eine Verbindung zwischen beiden Themenkreisen und gibt einen Blick frei auf historische Entwicklungen im engeren und weiteren Berührungsbereich der in den beiden genannten Bänden aufgezeigten Problematik.

Für sich allein ist der vorliegende Bildband ein visuelles Dokument, das den Geist der Zeit, seine abenteuerliche Vielfalt und Ausdruckskraft optisch widerspiegelt und als solches eine vollkommene eigene Existenz beansprucht. In Verbindung mit den beiden Sachbüchern wird dieser Bildband mehr, in Verbindung mit diesem Bildband werden die beiden Sachbücher — jedes für sich — auch wieder mehr.

Mit dieser Aufteilung des reichhaltigen historischen Stoffes wird vermieden, was in der bisherigen Literatur für manchen Interessierten so unbefriedigend war: Wiederholungen und eine Fülle sich widersprechender Interpretationen. Dazu wird etwas geboten, das über den realistischen Gegenwert des Buches weit hinausgeht: Die Möglichkeit kleine übersichtlich faßbare Mosaikbilder zu größeren Themenkomplexen zusammenfügen zu können.

Das große, bisher unlösbar scheinende Problem aller Literatur über amerikanische Pioniergeschichte — akribisch genaue und knochennüchterne Fachbücher für den fortgeschrittenen Fachhobbysten und Studierenden lockten keinen allgemein Interessierten und umgekehrt, was dem fachkundigen Hobbysten häufig viel zu wenig detailliert erschien, war in der Regel dem allgemein Interessierten schon wieder viel zu ausführlich und langweilig — dieses Problem ist bei der gewählten Form der historischen Aufbereitung weniger relevant.

Anspruch auf Vollständigkeit kann kein Buch über ein historisches Thema erheben. Allein schon der Druckumfang setzt hier Grenzen. Man schätzt den amerikanischen Fundus an historischen Fotos auf etwa 20 Millionen Stück, von denen knapp 10 Prozent überhaupt erst gesichtet und katalogisiert sind. Dagegen muß jedes noch so großzügig illustrierte Buch bruchstückhaft erscheinen. Dennoch — historische Fotos und zeitgenössische Zeichnungen vermögen oft mehr auszusagen, als viele Seiten Text. Es liegt in der Natur der Sache, daß dokumentarisches Fotomaterial nicht immer den höchsten qualitativen Ansprüchen genügen kann. Das Wesentliche in diesem Falle ist aber die inhaltliche Bildaussage. Die Zeichnungen aus der amerikanischen Presse der damaligen Zeit geben einen anschaulichen, detaillierten Eindruck von den Ereignissen. Nicht übersehen werden darf aber die vielfach tendenziöse und karikierende Darstellung.

Einführung

Epochen abenteuerlicher Eroberung, Kolonisierung und Besiedlung hat es zu allen Zeiten gegeben, solange man Geschichte überhaupt zurückverfolgen kann. Aber stets waren es autoritäre Feldherren, die mit ihren Heeren andere Reiche und Völker unterwarfen, oder es waren von den Herrschenden priviligierte Kaufleute und Entdecker, die fremde Länder und Erdteile bereisten, erforschten und erschlossen. Ihnen folgten meist bewaffnete Armeen, die die Unterwerfung vollzogen.

Der einfache Untertan spielte dabei keine Rolle. Sein Auftritt fand in der Geschichte als anonyme Masse statt. Diese »Namenlosen« der Geschichte haben als Sklaven, Galeerensträflinge, Taglöhner, Diener und als »Fußvolk der Historie« Träume von Freiheit und Selbstverantwortlichkeit geträumt, die ihren Ausdruck — in allen Teilen der Welt und zu allen Zeiten — in Aufständen und Revolutionen, aber auch in der Gründung utopischer Kommunen und vielgestaltiger Religionsgemeinschaften fanden. Die meisten dieser Träume gingen unter, nur wenige wurden verwirklicht, endeten dann aber unweigerlich in der Erstarrung der alten Machtformen und begannen, neue Träume mit denselben Mitteln zu unterdrücken, gegen die man noch gestern mit aktivem oder passivem Widerstand agiert hatte.

So bietet die menschliche Geschichte das Bild einer endlosen Wiederholung eines typischen Vorgangs, innerhalb dessen sich nur die Mittel änderten, nicht aber die Motive: Stets war es nur eine Minderheit von Herrschenden, die »Geschichte machte«. Die überwiegende Mehrheit der Menschen blieb eine anonyme, gelenkte Masse.

Eine historische Epoche verlief anders: die Zeit der Erforschung, Eroberung und Besiedlung des sogenannten »Wilden Westens«. Es waren erstmals »Namenlose«, Träumer, Aufbegehrer, Flüchtlinge vor Regeln und Zwängen, die hier die etablierte Gesellschaft in Scharen und schließlich in Massen verließen, um dem »Ende des Regensbogens« entgegenzuziehen. Der »Amerikanische Traum« von Freiheit und Gleichheit für jedermann verschaffte sich sein Ventil im unbesiedelten Westen, wo die nahezu absolute Chancengleichheit mit dem Augenblick begann, in dem man den Missouri in Richtung Westen überquerte. Die Historiker haben versucht, in diese «Völkerwanderung» ordnende Motive zu projizieren, — vaterländische, sendungsbewußte, freiheitliche, abenteuerliche, politische und ökonomische. Aber alle solche Bemühungen, diese chaotische Epoche verständlich zu machen, müssen angesichts der ebenfalls chaotischen Fülle erhaltener Zeugnisse zum Scheitern verurteilt sein. Nahezu jede Erklärung, die man nach den Grundsätzen moderner Geschichtsschreibung abzugeben geneigt ist, bleibt in der Darstellung ökonomischer Bedeutungen stecken, die aber nur ein Teil der Wahrheit sind. Die anfänglich wirklich bewegenden Impulse waren mehr geistiger Art und gingen erst allmählich, unmerklich und gleichzeitig unvermeidlich in die dominierenden Impulse eines neuen Zeitalters ökonomischen Machtstrebens über.

Interessant ist die Betrachtung des »Amerikanischen Traums« als Experimentierfeld gesellschaftlicher Spontan- und Langzeitentwicklungen, interessant ist das Verhältnis der Weißen zu den Indianern, solange es nicht von Zwängen übergeordneter politischer und wirtschaftlicher Strukturen beeinflußt war, zum Beispiel die unterschiedlichen Verhaltensweisen von Weißen und Indianern, wenn sie sich als einseitige Mehr- oder Minderheit gegenübertraten: Eine Mehrheit von Indianern verhielt sich einer Minderheit von Weißen gegenüber stets freundlich, hilfsbereit und vertrauensvoll, während eine Mehrheit von Weißen eine Minderheit von Indianern gnaden- und verständnislos zu vernichten trachtete. Während eine Minderheit von Weißen stets eine Mehrheit von Indianern zu entwerten versuchte, verhielten sich Minderheiten von Indianern einer Mehrheit von Weißen gegenüber zurückhaltend und selbstbescheiden.

In der Trapper- und Mountain-Men-Ära war das Motiv der Erforschung des Westens das Streben nach Profit: Der Pelzhandel und die Pelzjagd versprachen immensen Gewinn, also fanden sich Tatmenschen, die alle Risiken auf sich nahmen. Entgegen allen Voraussagen und Voraussichten entwickelten die weißen Trapper eine solche Anpassungsfähigkeit an die für extrem menschenfeindlich gehaltene Wildnis, daß sie häufig schon nach wenigen Jahren den Indianern überlegen waren. Dies aber ist nicht das eigentliche Phänomen — die Trapper und Mountain-Men erlebten eine »Verjüngerung« in geistiger Hinsicht und ein bislang ungeahntes Glücksgefühl persönlicher Freiheit. Hier nun gleitet der »Amerikanische Traum«, der stets undefinierbar blieb, in einen vollsaftigen, bewußt erlebten Wachzustand über. Immer aber, wenn sich die Sehnsucht nach selbstverantwortlicher Freiheit erfüllte, schreckte die amerikanische Gesellschaft zurück und setzte solcher Entwicklung nicht etwa enthusiastische Begeisterung, sondern vielmehr härtesten moralischen Widerstand entgegen. So wird klar, daß geistige Freiheit gar nicht gemeint sein konnte, sondern eigentlich nur materielle Freiheit. Da aber ein Höchstmaß an materieller Freiheit nur auf Kosten anderer zu erringen ist, bedeutete der »Amerikanische Traum« von (materieller) Freiheit für den einzelnen in Wahrheit nur einen Traum von der Erniedrigung anderer!

Und genau diese Entwicklung zeigt die amerikanische Geschichte: Die physische Versklavung andersrassiger Menschen als Arbeitskräfte im sklavenhaltenden Süden, die psychische Versklavung von Lohnarbeitern durch Konsumzwang!

Aber nicht nur die Trapper- und Mountain-Men erlebten für wenige Jahrzehnte — am Rande des status nascendi der US-Staatswerdung — den verwirklichten Traum, sondern die Gesellschaft der Cowboys erlebte ihn auch. Typisch ist, daß beide exemplarische Lebensformen zwar seither gleichwertig als Symbolfiguren neben Uncle Sam, dem ökonomischen Pragmatiker, stehen, aber zu ihrer Zeit — und auch heute noch — als gemischt negative verwilderte Abarten des »Homo Americanus«, des typischen Amerikaners, im Bewußtsein der Zivilisation gegenwärtig sind.

Demgegenüber waren alle anderen Gruppen dieser Epoche typische Vertreter einer Gründergesellschaft. Die Goldsucher übernahmen zwar auch ein Höchstmaß an persönlichem Risiko, nicht aber um geistige Freiheit erleben zu können, sondern um materiell unabhängig zu sein. Auch alle anderen Ereignisse, die sich im Laufe der Westwanderungen nach Kalifornien, Oregon, Utah, Montana und Colorado ergaben und an Abenteuerlichkeit von kaum einer anderen Epoche übertroffen wurden — das Abenteuer des Santa Fe-Transportweges, der bittere Exodus der Mormonensekte, das halsbrecherische Unternehmen des Pony Expreß und der Postkutschenlinien, der Bau der transkontinentalen Eisenbahnlinien, der Massenmord an Millionen Bisons und Mustangs, die Eroberung der Steppen und Berge durch die Siedler und Farmer — dies alles geschah aus Habgier und dem Streben nach materiellem Wohlstand, ökonomischer Macht und Vormachtstellung.

Dieses Geschehen ist für die heutige Retrospektive von faszinierendem Interesse, weil sich die amerikanische Gesellschaft während dieser Zeit ohne vorhandene Prioritäten und Autoritäten frei entwickelte. Daß dies ein unschätzbarer Vorteil der heutigen amerikanischen Gesellschaft sei, behaupteten viele. Wenn man aber in Betracht zieht, daß unter dem Ansturm massiver materieller Alleinanspruchsinteressen alles andere, das sich spontan und vielversprechend während dieser Zeit entwickelte, regelrecht untergepflügt wurde, ohne je auch nur die geringste Chance auf Fortentwicklung und Reife erhalten zu haben, so muß man allerdings den Einwand riskieren, daß das vorläufige Endergebnis solcher hemmungsloser einseitiger Freiheit kaum rundweg als positiv bezeichnet werden kann.

Die Rolle der US-Armee als ausführendes Organ einer ebenso naiven wie rigorosen Reservationspolitik, bietet sich in den Indianerkriegen des Westens mehr als ein wehrertüchtigendes militärisches Gesellschaftsspektakel, denn als zwangsläufige Notwehr dar. Nichts an diesen beklemmend zukunftsprogrammierenden Aktionen war unvermeidbar, oder gar unabwendbar, sondern nahezu alles ist dem Fetisch materieller Zwangsvorstellungen zum Opfer gefallen. Die Vernichtung von augenblicklich nutzlos Scheinendem und die Ausbeutung von allem Verwertbaren zeigt oft geradezu gigantischen Einsatz — aber die Sinnlosigkeit und Sinnwidrigkeit solchen Tuns hat sich inzwischen herausgestellt.

Die Indianer des nordamerikanischen Kontinents wurden so vollständig ihrer geistigen Identität entblößt, daß ihre hervorragenden Eigenschaften, die Amerika tatsächlich hätten zu einem Traumland der Zukunft werden lassen können, vollkommen vernichtet wurden, als hätte es sie niemals gegeben. Was heute — in ständig reklamierter zunehmender Zahl — als »Indianer« noch — und schon wieder — existiert, hat mit dem, was Indianer zu jener Zeit verkörperten, nur noch die äußeren Merkmale gemeinsam. Eine Kultur wurde vernichtet, ohne daß die ihr nachfolgende Kultur auch nur ein positives Faktum anerkannt bzw. übernommen hätte.

Im Westen konnten sich Kräfte entfalten, frei von Erstarrungen, Bevormundungen und Reglementierungen, die sich auch als durchaus fähig erwiesen, Selbstkontrolle und Selbstverwaltung auszuüben. Nahezu drei Generationen lang fiel der bremsende Ballast traditionellen Verwaltungsübergewichts und schulmeisterlicher Autorität weg. Nie zuvor hatte es eine Entwicklung solchen Ausmaßes gegeben. Während im Ursprungsland der technischen Revolution Erfindungen und Entwicklungen auf ebenso mühseligen wie sinnlosen Instanzenwegen verhungerten, wurden sie in den USA schon verwirklicht, noch ehe sie zu Ende gedacht waren.

Diese freie Entfaltungsmöglichkeit hat das Gesicht der modernen Technik bestimmt, diese Impulse haben eine Welt-Vormachtstellung begründet. Daß die Befreiung von überflüssiger Autorität nur ein vorübergehender Vorgang war, ändert nichts an dieser exemplarischen Erfahrung.

Die Zeit der amerikanischen Pioniergeschichte hat es gegeben. Deshalb ist ihre Betrachtung — ein Blick auf diese Zeit und eine Darstellung der Gegebenheiten, auch in ihren negativen Erscheinungsformen — wohl einige Momente der Aufmerksamkeit wert.

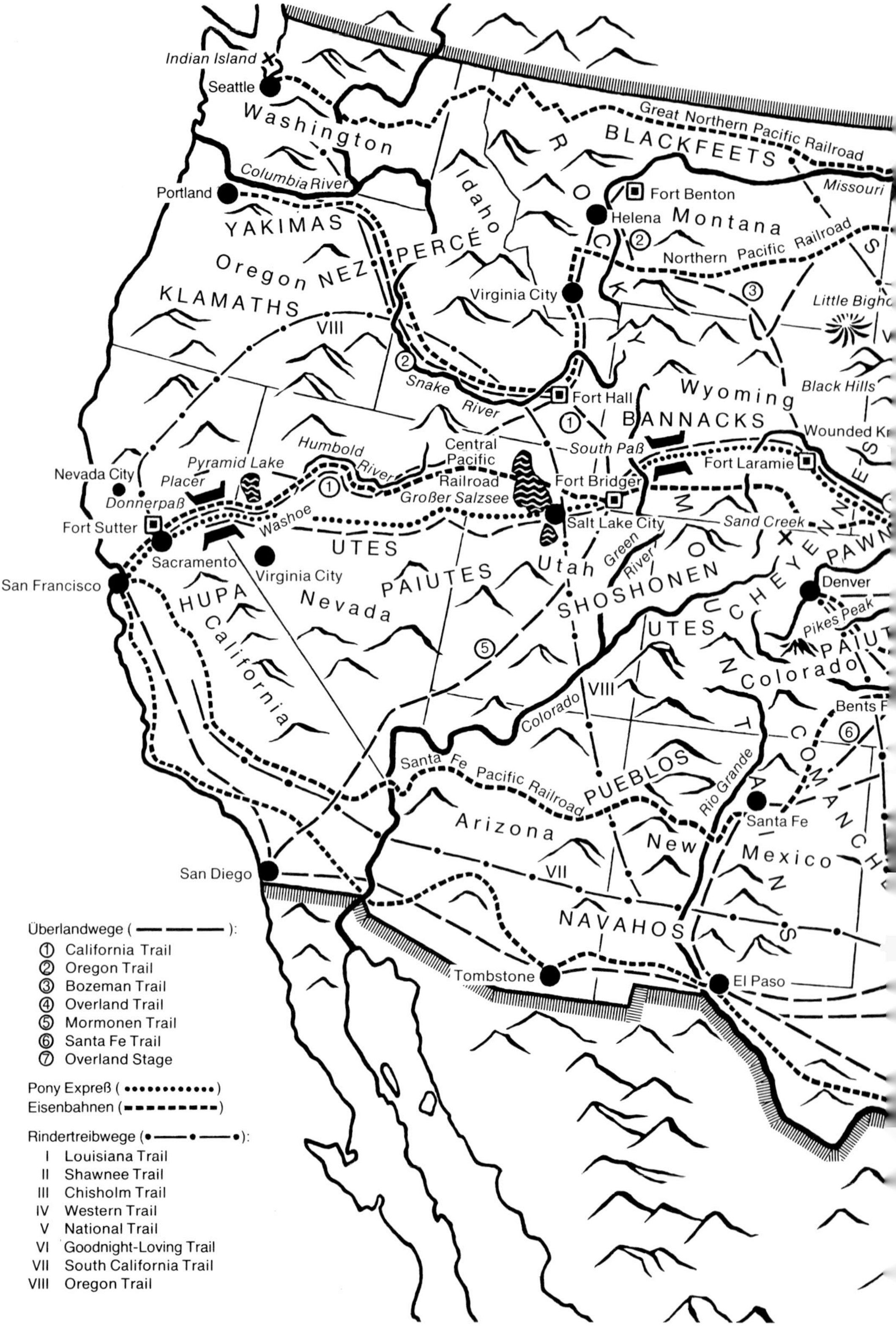

Indian Island
Seattle
Washington
Great Northern Pacific Railroad
BLACKFEETS
Columbia River
Portland
YAKIMAS
Idaho
Fort Benton
Missouri
Helena
Montana
Oregon
NEZ PERCÉ
Northern Pacific Railroad
KLAMATHS
Virginia City
ROCKY MOUNTAINS
Little Bighorn
VIII
Snake River
Fort Hall
Wyoming
Black Hills
BANNACKS
Wounded Knee
Humbold River
Central Pacific Railroad
South Paß
Pyramid Lake
Placer
Fort Laramie
Nevada City
Donnerpaß
Fort Bridger
Großer Salzsee
Fort Sutter
Washoe
Salt Lake City
Sand Creek
Green River
Sacramento
UTES
San Francisco
Virginia City
PAIUTES
Utah
SHOSHONEN
CHEYENNES
PAWNEES
Denver
HUPA
California
Nevada
Pikes Peak
UTES
Colorado
Bents Fort
Santa Fe Pacific Railroad
PUEBLOS
Rio Grande
Santa Fe
Arizona
New Mexico
COMANCHEN
San Diego
VII
NAVAHOS
Tombstone
El Paso
Überlandwege (— — —):
① California Trail
② Oregon Trail
③ Bozeman Trail
④ Overland Trail
⑤ Mormonen Trail
⑥ Santa Fe Trail
⑦ Overland Stage
Pony Expreß (••••••••••)
Eisenbahnen (▬▬▬▬▬)
Rindertreibwege (•—•—•):
I Louisiana Trail
II Shawnee Trail
III Chisholm Trail
IV Western Trail
V National Trail
VI Goodnight-Loving Trail
VII South California Trail
VIII Oregon Trail

Der »Wilde Westen«:
Indianerstämme, Transportwege (schematisch)

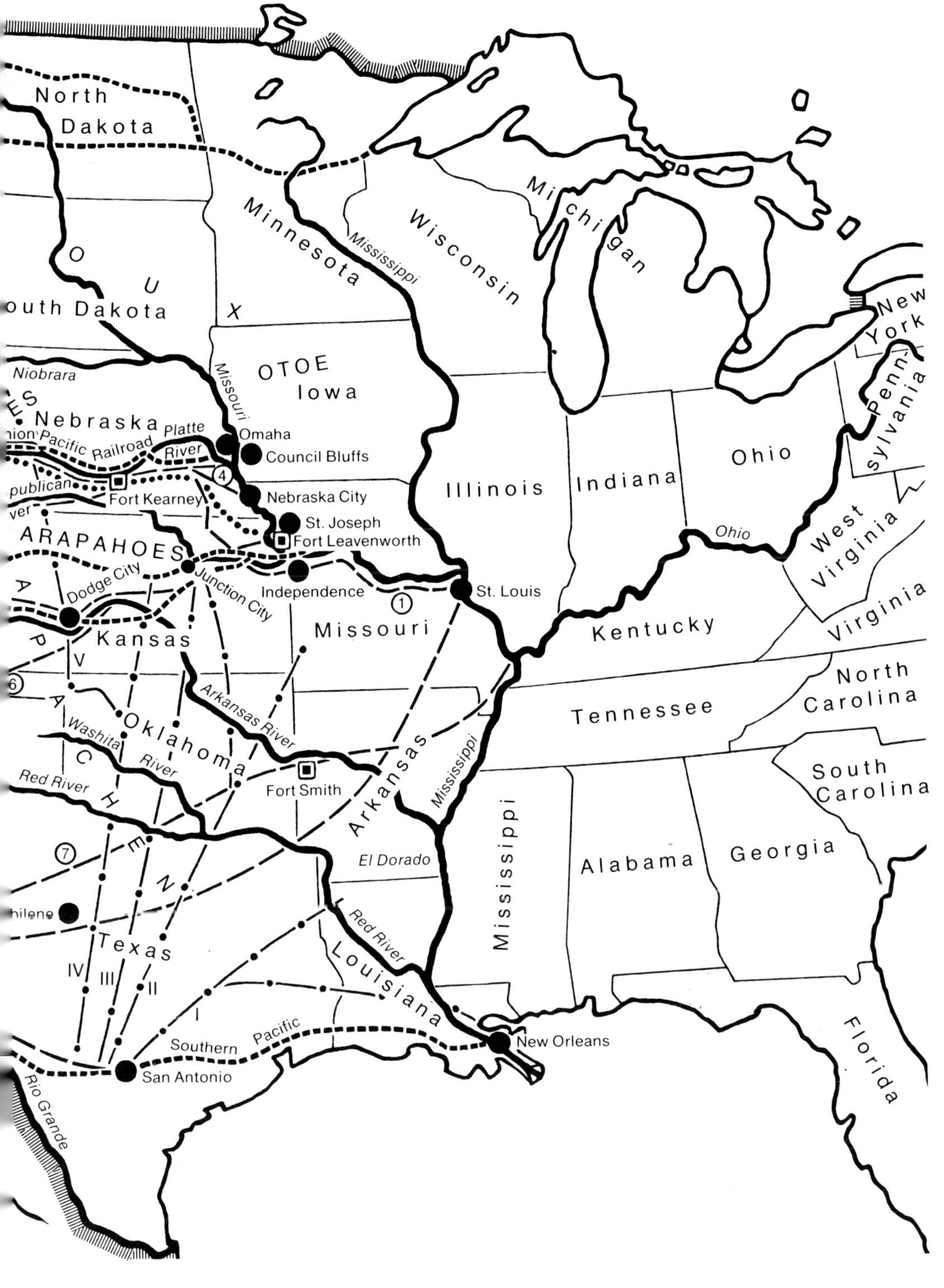

»Zu den Wassern Manitous«: Pelzhändler, Trapper, Mountain-Men

»Sie waren die strahlenden Figuren im großen Drama — und zeitweiligen Melodrama — der Erforschung seiner grenzenlosen Weiten für die Eroberungen anderer, ihnen Nachfolgender, Suchender: Landspekulanten, Goldrauschteilnehmer, Eisenbahnbauer, Viehzüchter, Bauern und Städtebauer. Bevor irgendeiner von diesen auch nur daran denken konnte, in den Westen zu gehen, lernten die ‚Männer der Berge' die Pfade, das Überleben in der Wildnis und die Hindernisse kennen, die sich den Menschen in den Weg stellten. Sie hinterließen den ihnen Nachfolgenden hilfreiche Berichte davon. Weder die Argonauten, die dem Pfad nach Kalifornien folgten, und die Oregonwanderer noch die späteren Überlandfahrer nach Santa Fe oder Colorado waren — in der echten Bedeutung dieses Wortes—Pioniere. Die Weitlandjäger waren vor ihnen da...
Sie kannten alles, was es über den Westen zu kennen gab...«
Beebe., Clegg, C., The American West, Seite 11

Folgende Doppelseite Der Missouri südlich von Pickstown, South Dakota. Mit der Überquerung des Stroms begann die Reise in den »Wilden Westen«. Omaha, Kansas City, Council Bluffs, St. Joseph und Independence waren die Ausgangspunkte der Westwanderer

Im März 1536 griffen spanische Soldaten 80 Meilen nördlich von Culiacan in Mexiko einen fast nackten, halb verhungerten und verdursteten Mann auf, den elf Indianer und ein Neger begleiteten, die nicht weniger »höllisch strapaziert« aussahen. Der spanische Caballero, der sich Alvar Nunez Cabeza de Vaca nannte und Wochen brauchte, um in der Obhut Seiner Katholischen Majestät, des Königs von Spanien, wieder zum Caballero zu werden, erzählte die unglaublichste Geschichte, die man je gehört hatte: Angeregt durch die glorreiche Eroberung des Aztekenreiches durch Hernando Cortez, hatte der spanische Edelmann Panfilo de Narvaez eine Kriegsflotte ausgerüstet, um für seine allerkatholischste Majestät Florida zu erobern. Im Kampf mit Moskitos, Fieber, Indianern und Krokodilen erstickte der hochfahrende Traum von »Ruhm, Gott und Gold« in den Mangrovensümpfen. Acht Jahre lang schleppten sich die immer weniger werdenden Überlebenden quer durch Texas, New Mexico und das nördliche Mexiko, bis schließlich nur noch drei Spanier und der schwarze Diener Estevanico übrig blieben. Aber Cabeza de Vaca brachte »Kunde mit von den sieben Goldenen Städten von Cibola«, deren Häuser voll von Gold, Silber und Türkis-Edelsteinen waren.

Nichts an dieser Kunde stimmte. Aber sie rief die Neider des Pizarro und Cortez auf den Plan, die inzwischen ganze Flotten vollgestopft mit Azteken- und Inka-Gold nach Spanien verschifft hatten. Mit 250 gepanzerten Reitern, 1000 Reservepferden und einer Herde andalusischer Longhorn-Rinder machte sich 1540 der Conquistador Francisco Vasquez de Coronado auf, die »Sieben Goldenen Städte« zu suchen, zu unterwerfen und auszuplündern. Wohl drang er weit in den nordamerikanischen Kontinent vor, doch Goldene Städte fand er nicht, und in einem Hagelsturm verlor er den größten Teil seiner Reservepferde und Rinder. Erst ein halbes Jahrhundert später, 1598, versuchte es Don Juan de Onate erneut, der nordamerikanischen Wildnis ihre goldenen Schätze zu entreißen. Aber es gab keine. Zwischen Mexiko, Kansas und dem Golf von Kalifornien gab es nur ausgebrannte Steppen, abgrundtiefe Schluchten, Sand-, Salz-, Borax- und Gipswüsten, Dornbüsche, Kakteen, Klapperschlangen, Wölfe und Coyoten, und — Indianer, die sich mit Hilfe von Coronados entlaufenen Pferden inzwischen zu ausgesprochenen Reiterstämmen entwickelt hatten.

1610 gründete Don Pedro de Peralta die erste spanische Kolonie in Nordamerika mit Santa Fe als Hauptstadt, und 1680 warf die Pueblo-Revolte die Spanier wieder aus dem Land. 1690 kamen die Spanier zurück, unterwarfen die Pueblos, aber der Traum vom nordamerikanischen Gold war ausgeträumt, der Westen und Südwesten gehörte den Apachen und den wilden Reiterstämmen.

Weiter nördlich versuchten die Kolonialmächte Frankreich und England, die Geheimnisse der Wildnis im Westen zu lüften. Es waren keine Edelleute mit halbamtlichem Auftrag und bezahlten Söldnertruppen, die nach Westen vordrangen, sondern französische Abenteurer, viele auf der Flucht. Sie tauchten bei den Indianerstämmen jenseits des Missouri-Flusses unter, verbrüderten sich mit ihnen, heirateten, zeugten Kinder, lernten die Steppen und Berge kennen, die »Zeichen des Himmels und der Wildnis deuten«. Sie brachten ihren »Roten Brüdern« Feuerwaffen und eiserne Geräte und wurden von den solcherart Beschenkten als die »großen Väter der Erde« gefeiert. Wenige Jahre genügten, diesen zuerst »Courier du Bois«, schließlich »Voyageurs« genannten Franzosen, sich der Wildnis perfekt anzupassen. Als sie mit ersten gewaltigen Pelzladungen in die Zivilisation zurückkehrten und die frommen Pilgersippen mit »gewaltigen Gelagen, Orgien und Obszönitäten« erschreckten, sagte man ihnen bald nach, daß sie »Blut aus Brandy, einen Körper aus Messing und Augen aus Glas« besäßen und mit dem Teufel selbst im Bunde seien, weil die Wildnis für sie alle Schrecken verloren habe. Diese »Burschen, die sich selbstbewußt wie Ritter der Tafelrunde gaben«, die calvinistische Moral der Engländer verachteten, die Praktiken der europäischen Heilkunst verlachten und »Kästen voller geheimnisvoller satanischer Kräuter« besaßen, die täglich Schwitzbäder nahmen und in Flüssen nackt badeten, die sich bei Erkältungen Eigenbluteinspritzungen gaben und ohne Wimpernzucken davon sprachen, daß sie in heftigen Winterstürmen ihre Kameraden gegessen hatten, — diese vollkommen »Verwilderten«, die weder an Aderlaß, noch Weihwasser und Gebete glaubten, und ihren Gespielinnen (empfängnisverhütende) Tränklein eingaben, bevor sie »die Leibeslust besangen«, die die Kirchen verachteten und »die Prärie lästerlich ihre Kathedrale« nannten — diese Voyageurs, deren Zahl immer größer wurde, verschafften den Franzosen sehr rasch ein regelrechtes Pelzmonopol, das sich gegenüber der englischen Abscheu vor ihrer »schrecklichen Lebenslust« nahezu 150 Jahre lang halten konnte, ehe die Engländer angesichts des Reichtums, der aus immer zahlreicher werdenden Handelspostenketten im Westen quoll, schließlich alle Skrupel überwanden. Sie profitierten auch von der Entdeckungsvorarbeit der Voyageurs, errichteten Handelsforts, die sich immer weiter in die Wildnis schoben. Aber solange ihnen Indianer Pelze brachten, waren sie nicht daran interessiert, Entdeckungsarbeit zu leisten. Die Franzosen waren schneller als die Engländer: 1720 machten sie das gesamte Gebiet, das Voyageurs bis dahin westlich des Missouri erkundet hatten, zur französischen Kolonie Louisiana.

Die 1670 gegründete Hudson's Bay Company, einige Jahrzehnte lang daran gewöhnt, daß Indianer an den Großen Seen Pelze per Boot zu ihren Handelsposten brachten, erfuhr bald, daß im Westen die Indianerstämme statt Booten Pferde benutzten. Die Gründung von Louisiana machte alle Bemühungen der

Hudson's Bay Company, nunmehr Händlerkolonnen zu den Indianer in Marsch zu setzen, von vornherein illegal, aber was bedeutet Illegalität schon in einer unüberschaubaren Wildnis. 1754 wanderte der ehemalige Whiskyschmuggler Anthony Henday für die Hudson's Bay Company weit nach Westen zu den Blackfeets. Die Engländer merkten sehr bald, daß ihre Chancen besser standen als vermutet: Wer mit Indianerstämmen Pelztauschhandel treiben wollte, durfte den Feinden seiner Geschäftspartner keine der heiß begehrten Feuerwaffen liefern. Da viele Stämme miteinander verfeindet waren, konnten die Franzosen nur eine beschränkte Anzahl beliefern. An die anderen Stämme lieferten nun die Engländer Feuerwaffen.

Kaum hatte sich der Pelzreichtum Nordamerikas in Europa herumgesprochen, landeten auch russische Pelzhändler aus Moskau an der pazifischen Alaskaküste, nahmen Alaska für Rußland in Besitz und kamen in ihren Booten und Kajaks auf der Jagd nach Seehunden und Seeottern bis weit in die kalifornischen Küstengewässer, wo sie Fort Ross gründeten, 60 Meilen nördlich von San Francisco, das sie erst 1841 aufgaben.

In Kanada rivalisierte die neu gegründete schottische North West Company erbittert mit der Hudson's Bay Company, aber der amerikanische Unabhängigkeitskrieg (1775—1783), der mit der totalen Niederlage der Engländer endete, veränderte die politische Szene. Frankreich verkaufte Louisiana an die USA, Rußland Alaska. Der jugendliche badische Rauchwarenhändler Johann Jakob Astor schickte sich an, den amerikanischen Westen für sein Pelzhandelsgeschäft in New York zu erobern. Hatten Engländer, Franzosen, Spanier und Russen den Indianern hauptsächlich Feuerwaffen, Tabak, Zucker, Glasperlen und Eisenwaren angeboten, so brachte Astor den Whisky in den Westen. Der französische Trapper René Auguste Chouteau beanspruchte mit seiner Missouri Fur Company den ganzen Handel am Missouri, von wo aus ihr Gründer, der Spanier Manuel Lisa mit seinen Trappern nahezu das ganze Land innerhalb des großen nördlichen Missouri-Bogens erkundete. Manuel Lisa war der erste »Amerikaner«, der auf den schwierigen Handel mit den Indianern verzichtete und mit eigenen Pelzjägerexpeditionen das Fallenstellen begann.

Als 1821 Mexiko seine Unabhängigkeit vom spanischen Mutterland errang, machte sich William H. Ashley die Unzufriedenheit der angestellten Trapper und Pelzhändler mit den anderen Gesellschaften und die »Companyflucht« dieser Trapper zu den Indianerstämmen zunutze und krempelte in St. Louis am Missouri das Geschäft vollständig um. Ashley schloß mit freien Trappern Verträge, in denen er sich zur Abnahme aller Pelze zu Festpreisen verpflichtete. Zahlungen leistete er nur zu einem geringen Teil in bar, das meiste wurde in Waren beglichen, was den Trappern viel willkommener war. Die Trapper blieben frei und ungebunden.

Dies war die Geburtsstunde der sogenannten Mountain-Men (»Männer der Berge«), die sich selbst stolz als die »Edelmänner des Pelzhandels« betrachteten. Diese freien und unabhängigen Mountain-Men, oftmals »Schüler« der wilden französischen Voyageurs, der »hartmäuligen« Russen oder der gewieften Astorianer, Männer die viele Indianerdialekte und Sprachen besser beherrschten als Englisch, die hohe Stellungen innerhalb der Stammes-Clans bekleideten, das Land und »die vier Winde« kennengelernt hatten, waren es, die bis zu den »Wassern Manitous« vordrangen, d. h. sich in die indianische Denkungsart und Lebenseinstellung vollkommen integrierten.

> »Unter ihnen findet man den intelligenten, maultierzähen
> und bibelfesten Jedediah Smith. Die geschmeidigen Gebrüder William
> und Milton Soublette, den rauhbeinigen Thomas Fitzpatrick mit seiner
> eisernen Kontrolle über eine vulkanische Natur. Den stillen,
> allzeit-bereiten und wachsamen David E. Jackson, den jungenhaften
> Jim Bridger. Den dunklen, jähzornigen, selbstbewußten
> und lügenmäuligen Moses Black Harris. Den grimmigen Hugh Glass,
> der auf einem ausgewachsenen Grizzly ritt, den fröhlichen
> und leichtfertigen Charmeur Joe Meek. Den bedächtigen Jim Baker
> und den lärmenden Trunkenbold Old Bill Williams der auf dem Bauch
> eines gerade Erschlagenen Karten spielte. Mike Finck, den Flußlord
> der Kielbootmänner, den aristokratischen Louis Vasquez,
> den krummzüngigen James Clyman, den schlitzohrigen John H. Weber,
> Ephraim Logan, James Kirker und noch viele mehr. Sie erscheinen
> heute als Giganten eines goldenen Zeitalters.«
> *Monaghan, J., The Book of the American West, Seite 49*

Hatte das »spanische Geschenk« des Pferdes den Indianern durch wachsende Mobilität die bis dahin unbewohnbaren Räume der Steppen, Prärien und Bad Lands (ehemaliges flaches Prärieland in Nebraska, Nord- und Süd-Dakota, von Flußläufen »zernagt«, hügelig, sumpfig, unwegsam; den Namen erhielt das Gebiet von den französischen Voyageurs; Viehdiebe und Banditen fanden hier Unterschlupf) erschlossen, ein neues selbstbewußtes Glücksgefühl beschert und die Prärie-Reiterkultur hervorgebracht, so veränderten auch die Feuerwaffen und eisernen Geräte ihr Leben von Grund auf: Jagd, Krieg und Verteidigung gerieten in eine neue Dimension, die einerseits erhöhten Komfort brachte, neue Räume erschloß, neue Über- und Unterlegenheiten schaffte, andererseits aber die Indianer immer abhängiger von diesen Produkten der technischen Zivilisation machte. Plötzlich sahen sie sich einer Situation gegenüber, mit der die Weißen seit Jahrtausenden vertraut waren, die aber für die Indianer vollkommen neu war: Der Gebrauch technischer Gegenstände bedeutete auch deren Verbrauch. Das Verbrauchte aber mußte ersetzt werden. Die Indianer gerieten in den Kreis einer Verbraucher-Erzeuger- und Angebots-Nachfrage-Ordnung, die sie überhaupt nicht begriffen, weil ihnen jegliches technisches Verständnis fehlte. Sie hatten es über Jahrtausende hinweg gelernt, sich den Regeln der wildnishaften Natur so perfekt anzupassen, daß diese für sie längst nicht mehr Schrecknis, sondern Erfüllung bedeutete — ohne von Hilfsmitteln abhängig zu sein, wie sie ihnen nun die Weißen boten.

Solange sich der Austausch von Handelswaren problemlos gestaltete, gewannen beide Seiten. Aber die Ausbeutung der Quellen dieser Handelswaren zeigte völlig gegensätzliche Zukunftsaussichten auf. Während die Natur nur eine sehr begrenzte Ausbeutung gestattete, weitete sich die Industrialisierung ins nahezu Gigantische aus. Das Ergebnis war vorhersehbar: Ausbeutung der Natur bedeutete letztlich Ausrottung und Vernichtung, während die industrielle Produktion grenzenloses Wachstum über viele Jahrzehnte signalisierte.

Noch bevor im Westen der Höhepunkt des Pelzhandels erreicht war, wurde diese Kluft deutlich. Eine Region nach der anderen wurde in wenigen Jahrzehnten hemmungsloser Ausbeutung von Pelztieren nahezu entblößt. Die dort lebenden Stämme hatten schließlich nichts mehr zu bieten. Sie brauchten aber die Tauschwaren der Weißen, um lebensfähig zu bleiben. Entweder drängten sie nun in Gebiete, in denen Ausbeutung noch möglich war, und das bedeutete Krieg mit den dort wohnenden Stämmen, oder sie unternahmen Beutezüge, um sich Feuerwaffen, Pulver, Blei und Eisenwaren zu holen, wo es zu holen war. Das Ziel waren also die Handelsforts und Warenkarawanen der großen Gesellschaften, die nun wiederum in der Notlage einzelner Stämme eine Gelegenheit sahen, mit diesen gegen ihre Konkurrenten zu konspirieren. Der vordem freundschaftliche, und beinahe brüderliche Pelzhandel zwischen Weißen und Indianern geriet allmählich in eine Phase kriegerischen Gegeneinanders. Für die gehaltsempfangenden Händler der großen Gesellschaften wurde das — ihnen völlig unnötig erscheinende — Risiko aber immer größer, während ihre Gehälter blieben wie sie waren, und im gleichen Maße wurde immer mehr Opferbereitschaft und Loyalität verlangt. Viele dieser Trapper verließen Job und Company und lebten mit den Indianern. Und da sie sowohl mit den Regeln des Handels, wie auch mit den Überlebenspraktiken der Indianer bestens vertraut waren, waren sie bei den Indianern als Weise, deren Ratschläge in der Praxis funktionierten, hochwillkommen.

Andererseits bot William H. Ashleys völlig neue Pelzhandelskonzeption einen geradezu idealen Ausweg aus dem allgemein immer sichtbarer werdenden Dilemma der kontinentweiten Ausrottung aller wertvollen Pelztiere.

Der Biber wurde hauptsächlich im Frühjahr und Herbst gefangen, weil er im Frühjahr noch das Winterfell besaß, und im Herbst schon das neue Winterfell hatte. Sommerpelze waren nichts wert, so daß Ashley den Sommer über die Fangsaison stillegte. Seine genialste Idee war, den Sommer dazu zu nutzen, die Pelze des Frühjahrs und vorhergegangenen Herbstes an bestimmten Orten mitten in den Fanggebieten von seinen Handelsvertretern einsammeln zu lassen und gleichzeitig — vereinbarungsgemäß — an Ort und Stelle Geld und Tauschwaren auszugeben.

Man muß sich vorstellen, was dies für die freien Mountain-Men, aber auch für die Indianerstämme im Westen bedeutete: Man brauchte nicht mehr die großen Strapazen des Transports der Pelzballen zum Missouri auf sich zu nehmen, auch nicht mehr die ebenso verlustreichen Unternehmungen des Rücktransports der Tauschwaren in den fernen Westen. Die Handelskolonnen Ashleys trafen pünktlich an einem verabredeten Ort ein, an dem sich dann auch alle freien Mountain-Men und interessierten Indianerstämme einfanden.

Schon das erste »Trapper-Rendezvous« gedieh zu einem Handels-Jahrmarkt mitten in der Wildnis, von dem in der »zivilisierten Welt« schreckliche Vorstellungen herrschten. Nie zuvor hatte irgendein Ort im fernen Westen solchen »Rummel« erlebt, wie das Green River Valley im Jahre 1825. Der deutschstämmige Maultiertreiber Ashley's, ein Rheinländer, der sich »Fourteen-Teeth Jacob Becker« nannte, schrieb in sein Tagebuch (vom Autor überarbeitet):

»Mit 25 Männern, 50 schwerbeladenen Packpferden und einigen Frachtwagen waren wir von Fort Atkinson im November 1825 losgefahren. Pünktlich am 1. Juli luden wir unsere Ladungen am Green River ab, wo sich alsbald 120 Mountain-Men, die aus allen Richtungen kamen, mit ihren Pelzballen einfanden. Bald war es die größte Zeltstadt, die ich je gesehen habe. Auch immer mehr Indianer kamen und schlugen ihre Zelte auf. Sie brachten feinste Pelze, Lederwaren und junge Mädchen mit, die sie tageweise vermieteten. Überall wurde getauscht, gesungen, getanzt. Man trug Pferderennen und Wettbewerbe im Sackhüpfen und Schießen aus. Manche Gruppen spielten Tag und Nacht Karten, bis einer nach dem anderen umfiel. Es gab Messer- und Tomahawk-Kämpfe, Überlandrennen zu Fuß und Kämpfe im Fluß. Jedediah Smith hielt Bibelvorlesungen und ein desertierter Hudson's Bay-Trapper erwürgte mit bloßen Händen einen jungen Grizzlybären. Überall brutzelte Wildbret an vielen Feuern, und überall standen Weinfäßchen umher, und jeder bediente sich, wie es ihm gefiel. Indianer bauten Schwitzbadzelte auf. Medizinmänner und Kräuterfrauen behandelten Verletzungen mit allerlei seltsamen Aufsüden und Pflanzenbrei-Mixturen, und kein einziger kam ums Leben, sondern alle genasen in erstaunlich kurzer Zeit. Man hörte grauenerregende Wintergeschichten von Männern in Schneestürmen, die sich gegenseitig aufgegessen hatten. Viele Männer hatten ganz neue Wegerouten und Fanggründe gefunden. Mister Ashley, der nicht schwimmen kann, wäre beinahe in einem Hautboot im Fluß ertrunken. Er schien schon tot, aber zwei Indianerinnen preßten ihm rhythmisch die Brust — nach 3 Stunden schlug er wieder die Augen auf. Alle kamen überein, daß ein Spätherbst-Aufbruch vom Missouri nach Westen zu gefährlich sei, weil man dann schon am Republican River von Blizzards zugeschüttet werden würde.«

David L. Brown, der 1837 der Gilde der Mountain-Men beitrat, beschrieb seine Berufskollegen:

»Jim Bridger: Gegenüber allem in Büchern gespeichertem Wissen gab es keine ablehnendere Haltung als seine; er weigerte sich, selbst das Alphabet kennenzulernen. Aber er kannte alle Traumdeutungen und Zeichen (des Himmels und der Erde) und konnte regelrecht

> aus der Haut fahren, wenn man dem ,Spurenlesen der Seele' nicht den nötigen Respekt entgegenbrachte. Old Bill Williams: Eine unglaublichere Mischung Mann als ihn hat es niemals gegeben. Er war der beste Trapper der Berge, fing mehr Biber und ritt mehr Pferde zuschanden, als jeder andere... Er trank mehr Brandy, verfolgte bejagtes Wild inmitten feindlicher Indianer weiter, gab mehr Geld schneller aus, als irgendein anderer Mann. Er fluchte furchtbarer und anhaltender, und stieß mehr und schrecklichere Verwünschungen aus als je ein Pirat unter schwarzer Flagge in einem schwarzen Schiff aus schwarzem Herzen gotteslästerlich hervorgebracht hat. Er konnte höher und tiefer, weiter und näher, geradliniger und gekrümmter und dichter beisammenbleibend schießen als jeder andere ,Hurensohn von allen Hurensöhnen dieser Erde', und wo immer es Männer mit Gewehren gab, forderte er sie heraus zu den unmöglichsten Trefferleistungen und er gewann jedesmal.«

Nahezu alle Mountain-Men heirateten Indianerinnen, manchmal mehrere gleichzeitig, fast immer eine nach der anderen. Sie wurden Mitglieder in vielen Stämmen und durch überragende Fähigkeiten Anführer, Clanleiter oder gar Häuptlinge. Sie lernten zahllose Dialekte sprechen und die allgemeine Zeichensprache beherrschen. Sie überflügelten bald die Indianer im Spurenlesen, in der Deutung der Zeichen der Natur, der Voraussage von Wetteränderungen. Sie waren körperlich größer, kräftiger, geschmeidiger, ausdauernder und vielseitiger als Indianer, phantasiebegabter, technisch geschickter und erfindungsreicher, kompromißloser, aber auch zärtlicher, enthusiastischer, andererseits auch wieder berechnender und kürzer entschlossen, oftmals sogar grausamer und rücksichtsloser.

Die Mountain-Men-Treffpunkte im Westen, jedes Jahr an einem anderen Ort wurden von Jahr zu Jahr ein größeres Spektakel. Zu einer Zeit, da eine Horrorgeschichte über die »Grenzgebiete« die andere jagte, da nach allgemeinem Verständnis schon das Überschreiten der Besiedlungsgrenzen um wenige Dutzend Meilen gleichbedeutend mit Tod und Verderben war, da man Kunde bekam von grauenhaft gescheiterten Expeditionen ins Innere des Landes, und in einer Zeit, da man die »Große Amerikanische Wüsten« als eine Art Fegefeuer auf Erden ansah, da die Armee von »ungeheuren Strapazen und Verlusten« allein durch die »Mächte der Wildnis« berichtete, — zu einer solchen Zeit fanden tief im Inneren des Landes, durch Steppen, Wüsten und Gebirge von den Besiedlungszonen getrennt, große »Supermärkte« mit wilden Vergnügungen ebenso statt wie Handel, Warentausch, Begegnungen.

Von 1826 bis 1847 blühten die »Trapper-Rendezvous« in vollster Entfaltung. Die Mountain-Men fanden immer neue Überlandrouten. Kaum ein gangbarer Weg in alle Himmelsrichtungen blieb unbenutzt, kaum eine Landschaft unerforscht, kaum ein Indianerstamm unbesucht und es gab kaum ein Naturereignis, dem man sich nicht stellte. Überall entstanden Deports, Lager und kleine, wetterfeste Posten. 1837 nahm der britische Abenteurer William Drummond Stewart den jungen Maler Alfred Jacob Miller zum Green-River-Rendezvous mit. So entstanden die ersten Bilder dieser »Märkte«. Aber zwei Ereignisse leiteten den Niedergang der Mountain-Men-Ära ein: Biberpelze waren in der Mode nicht mehr gefragt, gerade just zu einem Zeitpunkt, an dem die behaarten Nager im Westen immer seltener wurden, in großen Landstrichen sogar völlig ausgerottet waren. Die historische Episode des »Edelmanns der Hawken Rifle« war zu Ende, noch ehe sie richtig begonnen hatte und Zeit fand, ins Bewußtsein des übrigen Amerika einzudringen. So wandelte sich schon wieder zum Traum, was tatsächlich für einen Atemzug der Geschichte Wirklichkeit gewesen war: Die wenigen hundert Männer, die zu »Brüdern der Natur« geworden waren, zerstreuten sich. Manche gingen in Indianerstämmen auf, wie »ein Stein ins Wasser fällt«. Manche zogen mit Indianerfrauen und Kindern ruhelos umher, dem »Pulsschlag der Jahreszeiten nach«. Andere wanderten zu den Drehscheiben des Abenteuers an der Besiedlungsgrenze, um ihre Kenntnisse und Fähigkeiten an Armee, Transportkolonnen, Westwanderer, Landvermesser und Ausrüster zu vermieten.

Wieder andere versuchten, weiter den Biber zu fangen, ihn abzuhäuten und das Fell kunstgerecht zu konservieren. Dieser Zerfall eines Standes führte während der einsamen Winter zu explosionsartiger Agression gegeneinander. Indianerlager und die Wintercamps friedlicher Kollegen wurden überfallen. Im Winter 1840 machte sich eine Gruppe Mountain-Men unter der Führung von Pegleg Smith und Old Bill Williams auf, um südkalifornische Anwesen zu überfallen und Pferdehorden zu rauben. Man trieb die »Raubritter der Berge« zu Paaren in die Wüste und bis in die Colorado-Berge. Manche verschwanden spurlos in der Wildnis, andere fand man später als fröhliche Eremiten wieder, die — im Gegensatz zu zivilisationsmüden oder -flüchtigen Eremiten anderswo — nicht Vergeistigung durch Verzicht auf die Befriedigung körperlicher und instinktiver Bedürfnisse suchten, sondern ihre Einsamkeit und vollkommene Anpassung genossen. Mountain-Men wurden zu vorgeschobenen Händlern, die sich wieder dem Zwang zum Profit unterwarfen, wieder an den moralischen Standard der Zeit anpaßten, sich allmählich wieder von den Zwängen aus denen sie sich in einer Gewaltanstrengung vollkommen befreit hatten, einholen ließen. Aber kein einziger dieser Mountain-Men wurde wieder zu einem Zivilisationsmenschen, der er einmal gewesen war. Er mochte seine Integration nach außen hin perfekt vollziehen, wie etwa Kit Carson, aber die »Wasser Manitous« hatten in ihnen Fähigkeiten entwickelt, die nicht mehr auszulöschen waren. Sie blieben zeitlebens Männer einer besonderen Art, die es nie zuvor gegeben hatte, und niemals mehr nach ihnen gab.

Die Blackfeets kannten keine ständigen Wohnsitze und keinen Ackerbau. Sie zogen ursprünglich zwischen den Quellflussen des Saskatchewan River umher und gingen mit einfachen Waffen zur Jagd

Links Bear Bull, Häuptling der Blackfeet-Indianer. Der Name »Schwarzfüße« geht wahrscheinlich auf die Schwarzfärbung der Mokassins zurück. Die Blackfeets bewohnten den Nordwesten der großen Ebene östlich der Rocky Mountains

Krieger vom Stamm der Blackfeets. Das Bärenfell deutet darauf hin, daß der Mann dem Grizzly-Bären-Clan angehörte. Die Männer waren in sieben Rangklassen eingeteilt. Der 7. Rang berechtigte zur Teilnahme an der Ratsversammlung, der 5. Rang z. B. war für die Jagd verantwortlich. Erst nach vier Jahren Rangzugehörigkeit konnte ein höherer erreicht werden

Rechts Bevor die Indianer über Pferde verfügten, dienten ihnen nur Hunde als Tragtiere. Diese konnten nur geringe Lasten schleppen — der Aktionsradius der Indianer war daher sehr eingeengt

Rechts oben Die Blackfeets setzten sich vehement gegen die Weißen zur Wehr und befanden sich oft im Kriegszustand mit Engländern, Franzosen und Amerikanern, aber auch mit benachbarten Stämmen

Rechts Mitte 1832 überfielen die Blackfeets ein Trapper-Lager bei Pierre's Hole, erlitten aber eine vernichtende Niederlage, bedingt durch die Weitschußbüchsen der Weißen. 1870 wurden sie bei Fort Elliot von der US-Armee unter Colonel E. M. Baker endgültig besiegt. Ein Teil wanderte nach Kanada aus, ein Teil wurde in die Piegans-Reservation in Montana gebracht

Rechts unten Blackfeets mit Pferden und Travois. Mit einer aus zwei langen kräftigen Stangen bestehenden Schleppbahre, versehen mit einer Tragfläche aus Distanzpflöcken und Bisonhautstreifen, konnten größere Lasten transportiert werden. Die Vorrichtung wurde seitlich am Leib des Pferdes festgebunden. Die Travois wurden von Frauen hergestellt und waren auch ihr Eigentum. Mit dem Pferd vergrößerte sich der Lebensraum der Indianer erheblich

Little Plume (rechts) mit seinem Sohn Yellow Kidney, Blackfeets, im Zelt. Der Vater sitzt auf dem Ehrenplatz, der sich gegenüber dem Zelteingang befindet

Links Weasel Head, Medizinmann der Blackfeets. Die Blackfeets beteten das Sonnenlicht an, dem sie früher einmal im Jahr eine Jungfrau opferten. Beim einmal im Jahr abgehaltenen, 8 Tage dauernden »Sonnentanz« unterwarfen sie sich selbstgewählten Torturen

Um 1730 kamen die Blackfeets in den Besitz von Pferden und entwickelten sich in der Folge zu einem ausgesprochenen Reitervolk. Sie gelangten auf ihren Raubzügen bis an die mexikanische Grenze. Pferdediebstahl galt als hohe Tugend. Bald verfügten die Indianer über große Pferdeherden. Pferderennen war der beliebteste Sport der Reiterstämme. Bei jeder sich bietenden Gelegenheit trugen sie Wettrennen aus

Auf der Suche nach einem sagenhaften »Jungbrunnen« — und nach Gold — besetzten spanische Konquistadoren zwischen 1521 und 1543 die Küste des Golfs von Mexico. 1540 drang Francisco Vasquez de Coronado mit 250 Reitern und mehr als 1000 Pferden und Maultieren und einer Herde andalusischer Longhorn-Rindern trotz größter Verluste bis nach Kansas vor. Die Spanier führten einen kompromißlosen Vernichtungskrieg gegen die Indianer, wurden aber vor allem von den Comanchen hart bedrängt und mußten sich schließlich zurückziehen

Courier du Bois, französischer Mountain-Man. Männer dieses Schlages waren Jäger und Fährtensucher, sie arbeiteten unabhängig und auf eigene Rechnung, suchten immer nach neuen Wegen, Übergängen und nach neuen Jagdgebieten und waren ständig in Bewegung. Illustration F. Remington

Französische Voyageurs beim Trapper-Rendevous 1809. Trapper und Mountain-Men waren die ersten, die den »Wilden Westen« durchstreiften. Sie dienten später den Westwanderern und der US-Armee als kenntnisreiche Späher, Führer, Dolmetscher und Verhandlungsführer. Im Unterschied zu den Mountain-Men (Bezeichnung für Pelztierjäger westlich des Missouri) fingen die Trapper ihre Jagdbeute ausschließlich mit Fallen (engl. trap = Falle)

Johann Jakob Astor. Er »eroberte« den Westen für sein Pelzhandelsgeschäft in New York und brachte den Indianern den Whisky

Trapper um 1820

Trapper um 1810

Ein Mountain-Man mit seinem Pack-Muli in den Rocky Mountains

General Ashleys erste Proviant- und Waren-kolonne auf dem Weg zum ersten Trapper-Rendezvous am Green River

Mountain-Man Jim Bridger, um 1837. Er konnte weder lesen noch schreiben, kannte aber alle Traumdeutungen und Zeichen des Himmels und der Erde

Rast während einer Karibu-Jagd im Winter, 300 Meilen nördlich von Edmonton. Die indianischen Führer bringen einige Hasen für die Verpflegung. Die Illustration von F. Remington erschien 1896 in Harper's Monthly

Big Knife, Flathead-Krieger. Die Flatheads bewohnten das nordwestliche Gebirgsgebiet der Rocky Mountains. Daß sie sich im Säuglingsalter durch harte Bandagen die Köpfe abflachten, trifft nicht zu

So sahen Siedlungen aus, die von Indianern, Weißen und Mischlingen bewohnt wurden. Die Wohnstätten, die Kleidung und Nahrungszubereitung waren halb indianisch, halb von den Weißen geprägt. Illustration F. Remington

Kalispells-Indianer auf dem Fluß nahe ihrem Zeltdorf

Erst die Pferde eröffneten den Indianern den Lebensraum der Plains

Kriegstanz der Flatheads

Zeltlager der Flatheads. Dieser Stamm wurde als reinlich, gastfreundlich und friedfertig beschrieben. 1858 kam es zu einem Aufstand der Yakimas und Spokanes gegen die amerikanischen Militärbehörden, dem sich auch die Flatheads anschlossen. 1859 schlossen sie einen akzeptablen Frieden, an den sie sich immer hielten. So entgingen sie den Vernichtungsfeldzügen der US-Armee

»Bis an das Ende des Regenbogens«: Die Westwanderer

»Ich bin weit davon entfernt, auch nur im Traum annehmen zu können, daß Indianer ein Recht auf Land haben könnten, von dem sie seit Tausenden von Jahren keinen anderen Gebrauch machten wie Tiere.
Es ist deshalb undenkbar, daß sie einen Anspruch auf Land haben. Im Gegenteil, sie haben jeden vorstellbaren Anspruch auf Land verwirkt, weil sie außerstande sind, Land zu kultivieren. Sie müssen deshalb — und das ist Gottes Wille — von diesem Land vertrieben werden. Gottes Wort, daß der Mensch sich die Erde untertan mache, ist eine heilige Verpflichtung. Der Mensch unterscheidet sich als Krone göttlicher Schöpfung vom Tier in seiner Kultur und Zivilisation. Indianer haben das Aussehen von Menschen und sie mögen auch einer menschlichen Rasse angehören, aber wie sie uns im Augenblick entgegentreten, erscheinen sie ihrem ganzen Habitus nach eher als Tiere, teuflische Tiere. Die Torturen, denen sie ihre Gefangenen unterwerfen, rechtfertigen allein schon ihre Ausrottung.
Hugh Henry Brackenridge 1782 an den Verleger von »Freeman's Journal of North American Intelligencer«

Folgende Doppelseite Wüstenlandschaft in Arizona

Mit 40 gepanzerten Reitern und 70 Pueblo- Indianern verließ Pedro de Villasur im Juni 1720 Santa Fe, um einen Verbindungsweg zwischen der spanischen Kolonie und dem französischen Louisiana zu erkunden. Er durchquerte die Plains bis an den Platte River und geriet im August an eine Pawnee-Streitmacht, die seine kleine Armee regelrecht »in Stücke schlug«. 45 Soldaten, darunter Villasur, wurden getötet. Der Rest floh nach New Mexico zurück und erreichte Santa Fe nach »höllischen Strapazen«.

1739 versuchten die Brüder Pierre und Paul Mallet vom Niobrara aus Santa Fe zu erreichen. Sie kamen gerade so weit, um am Horizont die Umrisse der Rocky Mountains erkennen zu können, als ihnen Comanchen den Weg verstellten.

Die Bemühungen, St. Louis mit Santa Fe durch einen Handelsweg zu verbinden, wurden vorerst wieder zurückgestellt. Die Plains gehörten den Comanchen, das Rocky Mountains-Wüstenvorland den Apachen. Die spanische Kolonisierung im Südwesten wurde mühselig und kostspielig über den »Camino Real« (Königsstraße) von Mexiko aus betrieben. Die Eröffnung eines Handelsweges von Santa Fe nach St. Louis wäre billiger und schneller gewesen, und sie hätte beiden Teilen nur Vorteile gebracht.

Erst als die Weißen in Nordamerika seßhaft geworden waren, und Mexiko sich vom spanischen Mutterland gelöst hatte, unternahmen der Amerikaner William Becknell, ein cleverer Handelsspediteur, im Spätaugust 1821 einen erneuten Versuch. Mit 4 Maultiertreibern und einer Maultier-Lastkarawane erreichte er Santa Fe Mitte Dezember und machte gute Geschäfte. Ein Jahr später versuchte er es mit Frachtwagen. Er kam durch, weil er den Comanchen nie »die Zähne zeigte«, sondern ihnen Geschenke machte. Mit diesem ersten kommerziellen Überlandweg zwischen Santa Fe und St. Louis, mit diesen ersten Erfahrungen, mit Frachtwagen und Maultiergespannen den wasserarmen Steppengürtel zwischen dem Missouri und den Rocky Mountains zu durchqueren, veränderte sich die Entwicklung des Südwestens vollkommen.

Der Santa Fe Trail, der ganz Kansas durchquerte, wurde zur festen ersten Überlandroute im Westen. Während der Blütezeit des Speditionshandels befuhren zwischen 1822—1843 insgesamt 1478 Frachtwagen den Trail und der Handelswert der Waren betrug 2 922 000 Dollar (Gregg, J., Commerce of the Prairies, Seite 332).

Das Motiv für die Eröffnung des Santa Fe Trails war das gleiche wie das der Mountain-Men-Ära: Profitstreben. Aber im Gegensatz zu den Pelzhändlern, Trappern und Mountain-Men, die den Indianern wichtige Gebrauchsgüter brachten, sich mit ihnen verbrüderten, sie verstanden und ihnen Respekt abnötigten, ja praktisch selber zu Indianern wurden, lernten die Indianer, durch deren Jagdgründe der Wagenspurweg des Santa Fe Trails führte, nun eine andere Art Menschen kennen: hartgesottene, anpassungsfähige, verschlagene Händler. Sie besaßen zwar Wagenladungen voll der begehrenswertesten Dinge, aber sie handelten nicht. Zur Not umarmten sie auch einen Indianer, der sich ihnen in den Weg stellte, aber es lag darin kein brüderliches Gefühl, sondern eiskalte Berechnung. Sie verfolgten einen bestimmten Zweck, den Weg nach Santa Fe zurückzulegen, und ordneten diesem Zweck alles unter. Sie gaben den Indianern Geschenke, sie rauchten die Pfeife des Friedens mit ihnen, sie lachten und scherzten, aber ihre Zeigefinger lagen stets am Abzug ihrer Waffen. Sie waren anders als die Mountain-Men, anders als die goldbesessenen spanischen Soldaten, anders als die Franziskaner. Pawnees, Cheyennes, Arapahoes, Otoes, Kiowa-Apachen und Comanchen amüsierten sich über diese staubbedeckten Fußwanderer, die ihr Leben um klingender Metallscheiben willen selbst versklavt hatten, die freiwillig schwerste Strapazen auf sich nahmen, nur um immer mehr anzuhäufen, als sie brauchten.

Diese Menschen mit den schweren Wagen blieben den Indianern fremder als alle anderen Weißen, die sie zuvor kennengelernt hatten. Die Indianer waren in der Überzahl, besaßen die Macht über das Land, und sie hätten jedes Vordringen der Weißen unterbinden können. Jedoch das Ereignis, das dieser Handelsweg für sie darstellte schien sie zu faszinieren, wie andere »Naturereignisse« auch. Sie maßen ihr Selbstverständnis daran. Es gab Angriffe, Kämpfe, Überfälle, Friedensschlüsse, fröhliches Beisammensein, Beobachten aus der Ferne. Man erhielt Geschenke, Wegezölle, Tributzahlungen — man nahm sich Beute. Den spontanen Reaktionen der Indianer stand das zielstrebige Verhalten der Eindringlinge gegenüber, die nicht in diese Natur gehörten, und sich auch gar nicht zu ihr gehörig fühlten, sondern nur vorübergehend Besitz von ihr ergriffen, um Lasten von Waren hin und Gewinne zurücktransportieren zu können.

1822 ermunterte die mexikanische Regierung Amerikaner zur Einwanderung in ihre texanische Nordprovinz, mit dem stillen Hintergedanken, daß die Neuankömmlinge die nördliche Grenze gegen die stärker werdenden Angriffe der Comanchen halten könnten. Stephen Austin gründete eine Kolonie, die sich so rasch ausdehnte, daß 1836 die amerikanischen Texaner sich gegenüber der mexikanischen Bevölkerung in der Mehrheit befanden und die Unabhängigkeit begehrten. Ermuntert von der US-Regierung rebellierten die Texaner, schlugen die mexikanische Armee und riefen die Republik Texas aus.

Schon 1819 hatte der 37 jährige Thomas Hart Benton, Zeitungsmann aus St. Louis, einen transkontinentalen Handelsweg zur pazifischen Küste gefordert, um den 20 000 Meilen langen Seeweg um Kap Hoorn auf ein Fünftel Wegstrecke zu reduzieren. 1820 in den Senat gewählt, erweckte er in »allen armen Bauern und Arbeitern« die Vorstellung, daß sie dazu bestimmt seien »im Hinterland des Westens« eine neue Kultur unbeschränkt zu begründen. Als um 1845 die Einwanderungen aus allen Teilen der Welt beängstigende Ansmaße annahmen, und die industrielle Entwicklung im Norden der USA hiermit ebensowenig Schritt zu halten vermochte, wie die Ausdehnung des landwirtschaftlichen Südens, griff der New Yorker Journalist John L. O'Sullivan Bentons Forderung nach freier Entfaltung des »Amerikanischen Traums« über den gesamten Kontinent mit dem Schlachtruf eines »Manifest Destiny's« auf und gab damit erstmals dem politischen Streben nach kontinentaler Ausdehnung und dem handfesten Profitstreben calvinistisch-puritanischer Prägung einen mystisch verklärten Zug ins Irrationale: Von nun an standen Amerikaner unter dem »schicksalhaften Zwang, sozusagen Kreuzritter einer neuen Heilslehre vom besseren Leben auf Erden zu sein, die allein den besseren Menschen in einem besseren Land unaufhörlichen Fortschritts gewährleisten können«. Damit erhielt das Streben nach materiellen Werten eine immaterielle Verklärung, die den »Amerikanischen Traum« für Millionen plötzlich verwirklichbar machte.

Die amerikanische Praxis hatte zwar in den Atlantikstaaten immer deutlicher gezeigt, daß eine gesellschaftliche Industrie- und Agrarstruktur ohne massive Zwänge und zunehmende moralische Versteinerung nicht möglich war, aber die unendlichen Weiten im Westen des Kontinents boten sich für freie Entfaltungen an, wie sonst nur noch jenes himmlische Paradies.

Selbstbefreiungsparolen haben auf Enttäuschte stets allergrößte Faszination ausgeübt. In der Verkündung der Sendung des »Manifest Destiny« wurden in den Amerikanern, die gestern noch Unfreie einer Alten Welt gewesen waren, jene Sehnsüchte geweckt, die so alt wie die Menschheit sind. Der »Regenbogen« dieser Sehnsüchte, der aus dem Ungewissen kam und im Ungewissen der Ferne endete, wies aus jeder alten und neuen Enttäuschung nach Westen. Um welche Motive und Träume sich auch Sehnsüchte ranken mochten, im Westen wartete — irgendwo und irgendwann — eine Erfüllung, die es sonst nirgendwo in diesem Leben gab. Was bedeuteten demgegenüber Hindernisse? Dort im Westen, der nur Gott gehörte, lagen die Rittergüter eines jeden einzelnen, irgendwo hinter Steppen, Wüsten und Bergen. Der Preis war Überwindung aller Hemmnisse, Anspannung aller Sinne und Kräfte.

Die Kunde von Oregon und Kalifornien als geradezu paradiesischen Gefilden mit einem Klima, das 3 Ernten im Jahr ermögliche und verschwenderischer Fülle in jeglicher Hinsicht, war durch Seeleute, Mountain-Men, Händler und Wanderer bereits früh nach Osten gedrungen. Über die spanischen Kolonien Kalifornien, Arizona und New Mexico kursierten Gerüchte von sagenhaften Gold- und Silberminen. Die Lewis u. Clark-Expedition (1803—1806) und die Zebulon-Montgomery-Pike-Expedition (1806) hatten über Millionenherden von Büffeln, Mustangs und Antilopen berichtet, Colonel John Charles Frémont hatte erst 1843 nach einem langen Marsch auf der Suche nach einer Oregon-Überlandroute in einem 207-seitigen Report an den Kongreß berichtet, daß der Weg nach Westen nahezu das »reinste Vergnügen« sei. Nach einer zweiten Expedition 1844 berichtete der schreibfreudige Frémont von einem Schweizer John Sutter, der in Kalifornien wie ein Potentat lebe. In Frémonts Bericht glich Utah einem Garten Eden voller frischer Quellen und üppiger Vegetation und der Große Salzsee war ein Süßwassersee feinster Qualität.

Diese enthusiastischen Schilderungen eines weit entfernten »Gelobten Landes« lösten im Namen des »Manifest Destiny« eine Lawine von Aktivitäten aus:

1845 annektierten die USA die Republik Texas.

1846 erklärten die USA Mexiko den Krieg. In rascher Folge wurde Santa Fe besetzt, ganz Kalifornien unter Kontrolle gebracht, Buena Vista, Vera Cruz und schließlich sogar die Stadt México eingenommen. England wurde gezwungen, das Oregon-Territorium an die USA abzutreten.

Damit hatten ich die USA gebietsmäßig verdoppelt und sich die Gebiete der späteren Bundesstaaten Texas, Colorado, Wyoming, Idaho, Washington, Oregon, Nevada, Utah, New Mexico, Arizona und Kalifornien einverleibt.

1846 beginnt der Exodus der in Illinois verfolgten Großsekte der »Heiligen der Letzten Tage«, der Mormonen, nach Utah.

1846 bricht der erste große Wagentreck, die sogenannte »Donner Party« vom Missouri nach Kalifornien auf. In Oregon befinden sich 1846 7000 Amerikaner. Der Oregon Trail wird zur ständigen Wagenroute.

Der »assoziative Kommunismus«, Vielweiberei, Bienenfleiß und die Überzeugung, daß die Welt in wenigen Jahrzehnten von Mormonen regiert würde, machte sie im streng puritanisch-viktorianischen Zeitalter für die amerikanische Gesellschaft suspekt. Daß ihr ökonomischer Erfolg auch ein Grund für massive Verfolgung war, hat man zwar immer geleugnet, eine Rolle wird auch dies gespielt haben. Als man den Mormonen-Propheten Joseph Smith und dessen Bruder im Gefängnis von Carthage, Illinois, lynchte und die geflohene Gemeinde auch in Nauvoo, am Ostufer des Mississippi, mit Vertreibung — und Ärgerem — bedroht wurde, beschloß der Nachfolgeprophet und Mormonenbischof Brigham Young 1846 den Exodus aller Mormonen nach Westen. Colonel Frémonts Garten-Eden-Berichte über Utha veranlaßte, was man schon wenige Jahre später das »Große Gottesurteil« nannte: Mit Planwagen, aber auch mit Handkarren und Rucksäcken machten sich die Mormonen auf den Weg nach Westen zum Großen Salzsee, 60 Tage früher, als jeder erfahrene Mountain-Man eine solche Reise begonnen hätte. Regen, Graupel- und Hagelgewitter, Schneestürme u.a. verlangsamten den Marsch, und das Gras der Prärie war noch nicht grün und hoch genug, um die Gespanntiere und Haustiere zu ernähren. Von der Jagd verstanden die Mormonen nichts, ihre Schützen waren unerfahren. So zehrten sie ihre Vorräte vorzeitig auf und lebten mühsam von geschlachteten Haustieren. Da sie die Sitten und Verhaltensweisen der Steppen-Indianer nicht kannten, gerieten sie durch unbedachte Handlungen in immer größere Schwierigkeiten. Schwere Erkältungskrankheiten gesellten sich zu Mangelerscheinungen und Erschöpfungszuständen, und immer mehr wurden die verlassenen Wagen und Karren, die Grabhügel und Tierkadaver.

Die Schreiber und Chronisten der Sekte führten Buch über alle Ereignisse, ein Meilenmeßgerät maß den zurückgelegten Weg bis auf Inches genau. Nach einem harten Winterlager, während dem sich auch Nachkömmlinge aus anderen Richtungen einfanden, erfolgte der große Aufbruch im Frühjahr 1847, den man seither den »Mormonen Trail« nennt. Im Juli stand Brigham Young am Großen Salzsee, inmitten einer öden und sonnendurchglühten Wüste und sprach die seither geflügelten Worte »Dies ist der Platz«. Allein 600 Opfer hatte der Winter im Sammellager gekostet, ein Mehrfaches forderte die Wanderung zum Salzsee. Noch zwischen 1857 und 1860 betrugen die Verluste 10 bis 15 Prozent, und der letzte Auszug, der aus 3 000 Personen, 653 Handkarren und 50 Planwagen bestand, forderte 250 Menschenleben (1860).

Doch keine Tragödie war so vollständig, wie das Schicksal des knappen Hunderts Menschen des sogenannten »Donner-Trecks«, der den »California Trail« begründete. Über die Motive, die Familiensippen wie die der Donners, Kesebergs, Reeds, Graves, Wolfingers, Breens, Murphys, Eddys und McCutchens veranlaßten, blendend florierende Geschäfte, Land- und Hauseigentum in Springfield, Illinois, zu verlassen, um nach Kalifornien zu ziehen, ist nichts bekannt. Es waren keine jugendlichen Abenteurer, sondern erwachsene Menschen, die nach Westen zogen, und der Treck war der wahrscheinlich am besten ausgerüstete, der je nach Westen rollte. Dennoch scheiterte er vor der letzten Bergbarriere der Sierra Nevada, nur noch »wenige Büchsenschußweiten« von Fort Sutter in Kalifornien entfernt, am Einbruch des Winters. Die unerfahrenen Mormonen, die die mitgeführen Notvorräte bereits verzehrt hatten, als die Natur noch genügend Ernährungsmöglichkeiten bot, die Zeit mit Schmetterlingsfang und Botanisieren vertrödelt hatten, als strammes Marschieren elementares Gebot war, die alle Ratschläge erfahrener Mountain-Men mißachteten, sahen sich kurz vor dem Ziel von Schneemassen überrascht, die die Rocky Mountains wie mit einem Leichentuch zudeckten. Sie fällten Bäume, errichteten Hütten, aber vom Überleben in einer Winterwildnis wußten sie nichts. Als die letzten Ochsen verspeist waren, aß man die Toten. Nur wenige überlebten.

Auch auf dem Oregon Trail spielten sich Tragödien ab, aber keine war so vollständig, so schockierend wie die des »Donner-Trecks«.

> »Die zahllosen Tagebücher, Berichte und Briefe, die von diesen ›vom Schicksal Erkorenen‹ hinterlassen wurden, zeichnen ein lebendiges Bild beinahe unglaublicher Zähigkeit, Genialität und animalischer Courage, die Tausende von Männern, Frauen und Kindern ermöglichten, 2 000 Meilen menschenfeindliche Wildnis zu durchqueren. Sie hielten nur bei Geburt und Tod an. Sie kämpften gegen Sandstürme, Schnee, Hagel, bittere Kälte und kochende Hitze, gegen Hunger, Durst und Verzweiflung; allein die Cholera hinterließ endlose Gräber zwischen Missouri und Oregon, so wie auch die Siouxpfeile eine endlose Kette von Gräbern verursachten. Aber die Westwanderer kehrten nie um. Alle ihre Sinne waren nach Westen gerichtet, und nichts hielt sie auf.«
> *Horan, I. D., The Great American West, Seite 46*

Bemerkenswert an diesem Vorgang waren nicht menschliche Zähigkeit,

Durchhaltevermögen und Mut — diese Eigenschaften haben überall und zu allen Zeiten Entwicklungen in Bewegung gesetzt. Es waren Durchschnittsfamilien, Durchschnittsmänner und Durchschnittsfrauen, die solches vollbrachten. Und die Motive waren übergeordnete Ideale, wie etwa vaterländische, keine Glaubensbekenntnisse (außer bei den Mormonen), es war keinerlei Vasallentreue, noch war es eine Flucht vor Unerträglichkeiten. Sie taten es weder für Vaterland, Volk, Rasse, Gott, Herrscher oder Feldherr, sondern sie taten es für sich allein! Die Durchschnittsfamilie als abenteuernde und erobernde Menschengruppe, nicht mit dem Mann, sondern mit der Frau als Hauptperson, das ist das wirklich Einmalige an diesem geschichtlichen Vorgang. Die Frau trat als gleichberechtigte Partnerin des Mannes auf. Sie ist Wagenlenkerin, Fährtensucherin, Jägerin und Kämpferin.

Hier auf diesen Völkerwanderungswegen nach Westen entstand der Nimbus von der »Mam«, als dem Kraftquell der Nation. Das Zeitalter der amerikanischen Pioniere ist ohne die Rolle, die die Frau darin spielte, undenkbar.

Die ersten großen Treckbewegungen quer durch den Kontinent glaubten, ohne die Führung und Beratung der Mountain-Men auskommen zu können. Sie erlebten so viele tragischen Fiaskos, daß die Mountain-Men für nahezu zwei Jahrzehnte zu den begehrtesten Treckführern avancierten. Ihnen ist es zu danken, daß es selbst dann nicht mehr zu nennenswert schweren Verlusten kam, als diese Westwanderungen lawinengleich anschwollen.

Von den US-Truppen bei Adobe Walls, Texas, 1868 gefangengenommene Comanchen. Die Männer waren selten größer als 1,65 m, die Frauen hatten eine Durchschnittsgröße von 1,50 m. Die Comanchen kannten keinen Federschmuck und hatten, wie viele Indianer, nur geringen Bartwuchs. Die Kriegsbemalung war schwarz und verlief in Streifen von Gesicht und Stirn

Rechts Lager der Kwahari-Comanchen, 1872. Dieser Stamm lebte im westlichen Llanos Estacados und zählte zwischen 2 000 und 2 500 Menschen, davon 500—700 Krieger. Ursprünglich waren die Comanchen-Stämme Sammler und Jäger auf steinzeitlicher Kulturstufe

Horse Back, Häuptling der Comanchen. Die Comanchen lebten vor allem in den östlichen Rocky Mountains und gliederten sich in 13 eigenständige Stammesgruppen. Mit der Verbreitung des Pferdes entwickelten sie sich zu einem gefürchteten Reitervolk

Ho-Wear, Comanchen-Krieger in Reservationskleidung, Fort Sill 1870. Der überlegenen Kampftaktik der Comanchen zu Pferd konnten die Weißen erst mit den Repetier-Feuerwaffen und mit Kanonen wirksam begegnen. Bis zu diesem Zeitpunkt hatten die Indianer ihre Gebiete so fest in der Hand, daß die Spanier das Land »Comancheria« nannten

Ein weißer Junge, der von Comanchen gefangengenommen wurde und 1871 befreit werden konnte. Die Indianer erzogen gefangene Knaben häufig zu Kriegern und gliederten sie in ihren Stamm ein

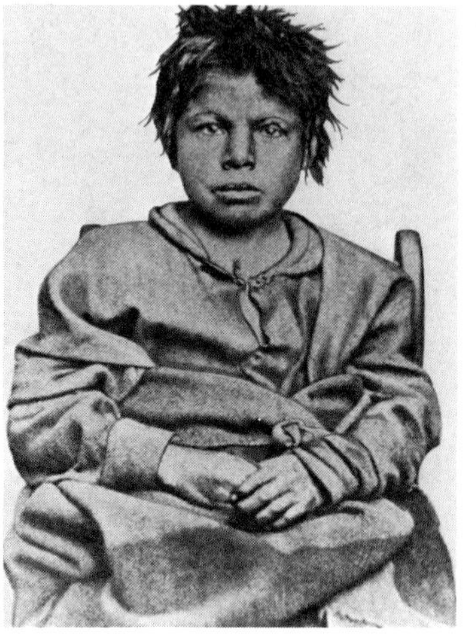

Rechts Ein sehr früher Wagentreck auf dem Santa Fe Trail

Comanchen-Lager 1875. Wohnkultur war die typische Berg-Tipi-Kultur der Utes. Das Zelt bestand aus 16—18 Kiefern-oder Zedernholzstangen, darüber wurden 20 aneinandergenähte Bisonfelle mit der Hautseite nach außen gelegt. Der Zeltaufbau dauerte etwa 15 Minuten, der Abbau 5 Minuten. Die Comanchen benutzten die Tipis aber nur im Winter. Als Kleidung trugen sie vornehmlich den Lendenschurz, im Winter Bisonpelze

General John Charles Frémont, einer der ersten Überlandweg-Sucher. Er entfachte das Oregon-Gold-Fieber

Rechts Zebulon Pike, der neue Wege in den Westen fand

Rechts außen Horace Greeley, Herausgeber der New York Tribune. Von ihm stammt das geflügelte Wort »Go West Young Men!«

Rechts Erfahrene ehemalige Trapper und Mountain-Men als Wagentreck-Führer waren eine gute Garantie für den erfolgreichen Ablauf eines Treck -Unternehmens. Das Bild zeigt die Rast eines Wagenzugs in den Rocky Mountains

James Reed mit seiner Frau Margaret im Jahr 1846 vor der Donner-Treck-Tragödie

Patty Reed, eine der wenigen Überlebenden des Donner-Trecks

Donner-Paß

Die Wagenspuren des Donner-Trecks in der Großen Salzwüste sind deutlich zu erkennen. Im Vordergrund eine Wagendeichsel. Foto: 1855. Der Donner-Treck war der erste, der vom Missouri nach Kalifornien zog. Von den etwa 100 Menschen überlebten nur wenige diese größte Tragödie der Westwanderung

Johann August Sutter

Auch die Wagenspuren des California Trails sind noch auszumachen. Foto: 1944

Prinz Maximilian zu Wied (2. von rechts) und der Maler Karl Bodmer (ganz rechts) bei den Minnetari-Indianern

Sutter's Fort in Neu-Helvetia, Kalifornien. Der Westwanderer Johann August Sutter, der diese Niederlassung gegründet hat, lebte hier in Reichtum und Wohlstand wie ein Fürst

San Francisco, 1848. Franziskaner gründeten an dieser Stelle im Jahr 1776 eine spanische Missionsstation

In den Städten St. Joseph, St. Louis, Independence und Westport wurden die Trecks der Westwanderer zusammengestellt

Ein Wagentreck überquert einen Fluß um sich vor einem Präriebrand (im Hintergrund) in Sicherheit zu bringen. Illustration F. Remington

Die Bildung von Wagenburgen am Rastplatz war eine unbedingte Notwendigkeit

Ein Abgesandter der Indianer versperrt einem Wagentreck den Weg und fordert Verhandlungen über Geschenke für das Weg-Durchzugsrecht

Es waren zumeist junge Indianer-Krieger, die, gegen den Rat der Älteren, Wagenzüge anzugreifen versuchten. In der Regel wurden sie auch von weniger erfahrenen Westwanderern und den Mountain-Men-Führern zurückgeschlagen

Links Überquerung einer Paßhöhe in den Rocky Mountains

»Wenn der Frühling kommt, guter Indianer, viele Gewehre, viel Munition, viel Whiskey, viel töten Bleichgesichter« — so überzeugte ein Mormone seinen Ute-Freund, mit den Mormonen ein Bündnis gegen andere weiße Eindringlinge einzugehen. Dies führte zum Massaker auf den Mountain-Meadows

Ein Weißer wird von jungen Kriegern auf seinem eigenen Herd zu Tode geröstet

Arme Mormonenfamilien, die sich keinen Planwagen leisten konnten, fuhren mit Handkarren nach Westen. Ihr Motto war »Handcarts to Zion«

Nicht alle Familien erreichten ihr Ziel

»Der Geist des Fortschritts«. Mit solchen verklärenden Darstellungen warb man im Osten für die Besiedlung des Westens. Goldsucher und Pelztierjäger (Vordergrund), Planwagen (Mitte) und Wagentrecks (hinten) drängten die Indianer (links und hinten) und die Bisons (links) immer weiter aus ihren angestammten Gebieten. Verkehrswege wurden erschlossen: Pony Expreß-Reiter (Mitte), Postkutsche und Eisenbahn. Seßhafte Siedler bearbeiteten den Boden (rechts vorne). Der »Geist des Fortschritts« zieht die Telegrafenleitung immer weiter nach Westen, in der rechten Hand die Bibel

Der Goldrausch: Abenteurer, Prospektoren, Geschäftemacher

»Am Morgen des 24. Januar 1848, als James W. Marshall die Schaufelradsenke der Sägemühle vom Schwemmsand leerschaufeln wollte, die er und John Sutter am South Fork des American River in Kalifornien erbaut hatte, bemerkte er einen glitzernden Stein im Wasser, langte hinein und hob ihn heraus«.
Horan, J. D., The Great American West, Seite 52

Folgende Doppelseite Grand-Teton-Gruppe der Rocky Mountains, Wyoming, von Osten. Höchster Berg ist der Grand Teton, 4196 m. Etwa 200 km südlich dieses Gebietes liegt der South-Paß, ein wichtiger Übergang für die Westwanderer

Man prüfte den Nugget und stellte dann fest,

daß es tatsächlich einer war. Sutter wollte sein kleines Gold-Königreich »New Helvetia«, das hawaiianische und indianische Arbeiter für ihn bestellten, bewahren. Aber wenig später beschlossen die US-Armee-Kommandeure in Monterrey, daß Washington von den Funden offiziell verständigt werden müßte. Die Armee wählte den Dragonerleutnant Loeser als Boten, die Navy den Marineleutnant Edward Fitzgerald Beale. Und niemand hat je begriffen, warum man ausgerechnet den Reiter Loeser den Seeweg und den Seemann Beale den Landweg nehmen ließ. In einem phantastischen Ritt durch Mexiko nach Vera Cruz, dann über Mobile nach Washington erreichte Ed Beale den Senat, während Loeser gerade um Kap Hoorn fuhr. Am 5. Dezember 1848 eröffnete US-Präsident James Knox Polk die zweite Session des 30. Kongresses mit einer Berichts-Adresses über die kalifornischen Goldfunde, die er mit den Worten schloß:

> »Die Berichte über die Fülle der Goldvorkommen in diesem Territorium sind so außergewöhnlich, daß man sie kaum zu glauben vermöchte, wären sie nicht durch offizielle Rapporte bestätigt.«

Mit diesen »offiziellen Rapporten« war ein Bericht von Colonel Mason, Gouverneur des neugegründeten Territoriums California, gemeint, in dem er davon sprach, daß im Juni 1848 »etwa 4000 Männer in den Goldfeldern zwischen 30 000 und 40 000 Dollar Gold täglich« schürften und der mit den Worten schloß: »Ich sehe keinen arbeitenden Menschen in den Goldfeldern, der nicht seine 2, 3 oder 4 Pfund Gold vorzeigen kann«. Dem Bericht lag ein Teekessel bei, mit einem sorgfältig versiegelten Deckel, darin befand sich ein Lederbeutel mit 230 Unzen Nuggets, Körner und Staub im Wert von 3000 Dollar. Die US-Münze in Philadelphia bestätigte die Reinheit des Goldes, und der Teekessel des Gouverneurs von Kalifornien wurde im Kriegsministerium samt Inhalt öffentlich ausgestellt. Am 9. Dezember 1848 verkündete die New York Daily Tribune: »Wir stehen an der Schwelle eines Goldenen Zeitalters« und: »Wir erwarten, daß innerhalb der nächsten vier Jahre der normale Goldumlauf um tausend Millionen Dollar in Gold bereichert wird«. Und Horace Greeley goß Öl ins journalistische Trommelfeuer:

»Da fehlt kein Glied in der goldenen Kette der Hoffnung die Tausende zum neuen El Dorado zieht, wo das pure Glück auf der Erdoberfläche liegt, wie bei uns der Matsch auf den Straßen. Das wertvolle Zeug liegt einfach auf dem Boden herum, oder nur leicht mit Steinen und Sand bedeckt. Die einzige Maschinerie, die benötigt wird, sind ein paar kräftige Arme, eine Schaufel und eine Zinn-Pfanne.«

Seit der Unabhängigkeitserklärung hatte es keinen solchen öffentlichen enthusiastischen Taumel gegeben. Nicht nur die Zeitungen überschlugen sich in Berichten, auch Geologen, Wirtschaftler, Bankleute, Händler und Schiffsbauer, meldeten sich zu Wort.

So wurde das Jahr 1849 die Zeit des großen Aufbruchs: Hunderttausende setzten sich von der Ostküste mit Schiffen in Bewegung, die teilweise schon schrottreif waren. Vier Monate Seereise um Kap Hoorn standen ihnen bevor, und nur knapp 60 Prozent von ihnen würden die kalifornische Küste erreichen. Die Bewohner der westlichen Staaten und Territorien wurden von rasch publizierten Reiseführern elektrisiert, die den Landweg vom Missouri bis Kalifornien priesen und jedem, der eine Schaufel benutzen könne, schon in den ersten Tagen 20 bis 50 000 Dollar Gewinn versprachen.

Die Ausrüstungszentren von St. Louis, St. Joseph, Westport und Independence am Missouri bevölkerten sich mit einem unaufhaltsam und ständig stärker werdenden Strom von »49ern«, die Tag und Nacht den »San Francisco-Walzer«, den »Gold Diggers-Walzer« und den »Sacramento Gallop« sangen. Wagen, Gespannpferde, Ochsen, Maultiere wurden knapp, und knapp wurden Gewehre, Flinten und Revolver, Pulver, Blei und Zündhütchen. Alles wurde knapp, und bevor auch nur ein Fuß an das Westufer des Missouri gesetzt werden konnte, stiegen die Preise für Ausrüstungen und Lebensmittel in schwindelerregende Höhen. In New York, Boston und Baltimore drängten sich Tausende, die auf einen Schiffsstehplatz hofften. Einwandererschiffe, die kaum angelegt hatten, stopften die Laderäume voll Vorräte und segelten sogleich wieder ab, Richtung Kalifornien.

Hunderttausende machten sich auf den Weg nach Westen mit Ausrüstungen, über die sich jeder Mountain-Man lustig machte. An den Wagenplanen sah man Parolen, wie »Ho for California«, »Westward the Star of Empire«.

Es war ein Männerabenteuer, dem sich kaum Frauen anschlossen. Wer kein Geld für eine eigene Ausrüstung besaß, schloß sich großen Goldgräber-Gesellschaften an. Während der ersten Jahre waren die Verluste der Westwanderer unverhältnismäßig hoch. Schon geringste Verletzungen führten zu Entzündungen und Tod. Katastrophale hygienische Zustände verursachten Infektionskrankheiten. Diphtherie, Scharlach- und Masern-Epidemien rafften ganze Trecks hinweg. Die unpassende Kleidung führte zu Lungenentzündungen. Unvorsichtiges Trinken aus Wüstengewässern, der unerfahrene Umgang mit Insekten und Reptilien, Jagdabenteuer in den Prärien und Bergen, Hunger, Durst und Erschöpfung — das alles kostete Gesundheit und Leben. Die Indianer, deren Gebiete man durchquerte, spielten bei diesen Verlusten noch die geringste Rolle, obwohl sich diese Stämme durch immer mehr Planwagenzüge immer stärker bedroht sahen. Die hemmungslosen Wanderer schossen alles Wild, holzten die letzten Bäume ab, verseuchten durch Tierkadaver die wenigen Wasserlöcher. Unverständnis und Furcht führten zu Zusammenstößen mit den Indianern.

Aber von diesen zahllosen Tragödien sprach kaum jemand. Wer durchkam und Kalifornien erreichte, interessierte sich nur noch für das Gold und dachte mit keinem Gedanken mehr an die Zurückgebliebenen. Bevor das Jahr zu Ende ging, hatte Sacramento 12 000, San Francisco 50 000 Einwohner, und Hunderttausende »krabbelten in den Bergen herum wie Ameisen und wurden von Tag zu Tag aggressiver«. Das Oberflächengold der »Placer-Diggins« fand sich im Schwemmsand von Bächen und Flüssen und die unglaublichen Geschichten, die entstanden, wurden immer unglaublicher. Orte entstanden mit geisterhafter Schnelligkeit wie Gerüchte — und verschwanden wieder. Indianer, die im Wege standen, wurden »abgeschossen wie Hasen«. Und als das Gold knapp wurde, machte man mit Chinesen und nicht naturalisierten Ausländern kurzen Prozeß. Die Gewaltkriminalität steigerte sich, betrügerische Bankrotte wurden zum Kavaliersdelikt. Die Preise für die einfachsten Nahrungsmittel stiegen in astronomische Höhen. Wenige Glückliche umgaben sich mit orientalisch anmutendem Pomp, viele Unglückliche vertrauten auf Bibelworte und Revolver. Ganze Schiffsladungen von Frauen bereicherten die mobile Prostitution, und von Jahr zu Jahr kamen mehr Menschen — zu Wasser und zu Lande.

Die Primitivmethoden, per Waschpfanne, Rüttler und Long Tom (Schüttelkasten mit Eisensieb und einer ca. 7 m langen und 45 cm breiten Holzrinne mit Fangleisten auf dem Boden, wo sich die Schwerstoffe absetzten) Gold zu waschen förderten bereits in der Mitte der 50er Jahre fast nur noch Kieselsteine. Erst industrielle Erzaufbereitungsmethoden und Bergwerksbetriebe, die unter Tage nach Edelmetall suchten, fachten den verlöschenden Boom erneut an.

Der Übergang vom individuellen Goldsucher zur fabrikmäßigen Ausbeutung geschah nahezu lautlos. Aus vielen Goldsuchern wurden Lohnarbeiter. Wenige Prospektoren verkauften edelmetallhaltige Lagerstätten um raschen Profit an die Gesellschaften.

Mit dem industriellen Erzabbau und mit der industriellen Erzaufbereitung veränderte sich die ökonomische und die gesellschaftliche Struktur vollkommen. Das auf Zufall gegründete Goldfinden der Volksmassenbewegung wurde durch technisches Know-How abgelöst.

Es kam zu Rationalisierung, Finanzierung — kurz: das Big Busniss war in vollem Gang. Der ganze Troß notwendiger Zulieferanten für Technik und Personal, die kommunale Ordnung und öffentliche Wohlfahrt, Wahrnehmung und Ausübung von Kompetenzen führte zu einer rasanten Besiedlung der Territorien, in denen Goldrausch stattfand. Nur, alles lief hektischer, monströser, schneller und kurzlebiger ab als anderswo.

Das Ursprungsgebiet des Goldrausches, das sogenannte »Mother Lode« Country, das Mutterader-Gebiet Kaliforniens, besaß den Vorteil, daß sich die zahllosen Gescheiterten und Enttäuschten einigermaßen leicht wieder dem »normalen« Leben einordnen konnten. Es wurde Viehzucht und Landwirtschaft betrieben in einem Klima, das mehrere Ernten im Jahr erlaubte. Die ständig wachsende Zahl der wilden Goldsucher und die schließlich verbleibende hohe Zahl der permanenten Arbeiterheere, forderten Nachschub für alle Sektoren des Lebens.

So wurde der Goldrausch zum auslösenden Moment der Besiedlung des Westens. Es folgten Jahrzehnte größter Betriebsamkeit.

Eine viel größere Bedeutung als für Kalifornien selbst hatte der Goldrausch für das »Mutterland«, für die Atlantikstaaten. Die Manager der großen Banken Transport- und Handelsfirmen empfanden den goldenen Westen geradezu als eine Herausforderung und sie verlegten immer ertragreichere Filialbetriebe und Neugründungen nach Kalifornien. In dieser Zeit wurde auch geboren, was man moderne Marktwirtschaft nennt: Die Bedürfnisse der auf großer Flamme kochenden Gesellschaften waren der erste große und elementare Konsumrausch. Niemals zuvor war der Dollar in den Taschen so locker gewesen. Die neue Händlergeneration, die dieses Phänomen erlebte, stellte sich schnell darauf ein und schaffte aus den Atlantikstaaten heran, was immer verkauft werden konnte, und das war tatsächlich einfach alles.

Als im Herbst 1859 in den Washoe Diggins, Nevada, die »reichsten Silbererz-Vorkommen der Welt« entdeckt wurden (New York Herald, 2. 1. 1860) schien alles bisher Vorstellbare aus den Fugen zu geraten:

> »Kein Goldrausch in der Geschichte kann sich, was Konzentration und Intensität betrifft, mit dem fantastischen Exodus aus Kalifornien zurück über die Sierra zu den Silbervorkommen des ‚Comstock Lode' messen. Regelrecht über Nacht wurden florierende Goldfelder im Mother Lode entvölkert! Virginia City, wie das neue Zelt- und Kistenbrettlager am Fuße des Mount Davidson genannt wurde, war innerhalb weniger Wochen eine aus allen Nähten platzende Stadt von fünf-, zehn- und schließlich fünfzehntausend Einwohnern, Lagergeschäfte, Hotels, Saloons, Feuerwehrstationen, Bordelle und Privathäuser, Banken, Badehäuser, Spielhallen und Theater wuchsen mit atemberaubender Geschwindigkeit aus dem Boden. Die weltbesten Wandertheatergruppen spielten in Pipers Theater und im Alhambra. Sarah Bernhardt, Lotta Crabtree, Lola Montez, das waren Damen, denen man statt Blumen körbeweise Silberbarren auf die Bühne legte.«
> *Beebe, L., Clegg, C., The American West, Seite 244*

Innerhalb eines Jahres »spuckten die zahllosen Minen für 25 Millionen Dollar Feinsilberbarren aus« und schon nach wenigen Jahren nannte man amerikaweit Virginia City das »Cosmopolis des Westens«. Der Redakteur des angesehenen »Territorial Enterprise« war Samuel Langhorne Clemens, der hier sein Pseudonym Mark Twain auf literarischen Hochglanz polierte. Nevada City war die erste Metropole der Prospektoren, die auf der Suche nach abbauwürdigem Silbererz jeden Stein in der Nevada-Wüste umdrehten und abklopften. Der Erzabbau war reiner Bergwerksbetrieb. Wenige große Minengesellschaften förderten mit Tausenden von Untertagarbeitern viel Erz, und viele Ein- und Zweimannbetriebe förderten wenig. Unfälle, Stollen- und Schachtzusammenbrüche waren an der Tagesordnung, und immer neue große Erzmühlen erfüllten das Tal mit ohrenbetäubendem Krach rund um die Uhr. Das Stempelholz — und jedes Streichholz — mußte mit schweren Zehngespann-Murphywagen viele Meilen weit aus den Wäldern Kaliforniens geholt werden. Für die Erzaufbereitung trieb man tiefe Brunnen in den Fels, und ununterbrochen hallten die dumpfen Schläge unterirdischer Detonationen aus den Minenschächten. Mehr als 100 Saloons waren täglich nur drei Stunden geschlossen. Es gab vier große Obdachlosenasyle und 20 Polizeistationen. In der ‚Millionaire's Row', dem Prominenten-Stadtbezirk stauten sich die hochnoblen Kutschen der Minen-Superintendenten und Spekulanten, deren Damen nur neueste Pariser Modellkleider trugen. In den Palästen der Reichen nahmen die rauschenden Bälle und Feste kein Ende. Weit über Lokales hinaus gewann die industrielle Silberausbeute der Comstock-Lode Bedeutung für die Wirtschaftspolitik der USA:

> »Der Reichtum an Gold und Silber in den Tiefbergwerken des Comstock hatte einen profunden Effekt auf die nationale Wirtschaft. Für Präsident Lincoln war die territoriale Bindung von Nevada ausschlaggebend dafür, daß er es überhaupt — mit dem Geld Nevadas im Rücken — wagen konnte, die Emanzipations-Proklamation (Verkündung der Sklavenbefreiung) abzugeben und den Bürgerkrieg gegen den Süden zu riskieren. Ohne diesen starken finanziellen Rückhalt hätte er an eine Aufrüstung der US-Armee und an die Absteckung der Kriegslasten gar nicht denken können.«
> *Beebe, L., Clegg, C., The American West, Seite 245*

Die Bedeutung der Goldfunde in Kalifornien und der Silberfunde in der Wüste von Nevada kann also gar nicht überschätzt werden. Sie veränderten nicht nur radikal die Geisteshaltung des amerikanischen Volkes, gaben nicht nur entscheidende Anstöße für die Rasanz der technischen Entwicklung, sondern machten sogar den Bürgerkrieg erst möglich, und damit die gewaltsame Entscheidung über die große Frage der Zukunft, ob das Industriezeitalter die unbesiedelten Gebiete im Westen mit ihren ungeheuerlichen Naturschätzen für sich beanspruchen könne, oder die Agrarwirtschaft des Südens. Der Edelmetall-Rausch beschleunigte damit einen Prozeß, der normalerweise vielleicht Jahrhunderte angedauert hätte, und preßte ihn in das Zeitraffertempo einer einzigen Generation. Bis zur Jahrhundertwende dauerte die Förderung im Comstock Lode unvermindert an, dann erschöpften sich die tief in der Erde verborgenen Erzadern. Im Verlauf von nur wenigen Jahren ebbte der Boom ab, wurden aus den einst florierenden Kommunen Geisterstädte, erstickten die Träume im heißen Staub der Wüste.

Von goldsuchenden und bergarbeitenden Indianern ist allgemein in den Berichten so gut wie nichts zu lesen. Nur die Cherokees schürften Gold und Silber in ihren Stammesgebieten an der Ostküste (Georgia, Carolina). Sie besaßen außerordentlich ertragreiche Bergwerke, als noch niemand an solche Vorkommen im Westen auch nur dachte. Diese Bergwerke der Cherokees waren der Anlaß zur tragischen Vertreibung der zivilisierten Indianernationen der Choctaws,

Chikasaws, Creeks Cherokees und Seminolen und ihrer Verbannung in die Einöde des Oklahoma-Territoriums.

Als die Goldfunde in Kalifornien bekannt wurden, besannen sich die Cherokee-Bergbauingenieure ihrer Fähigkeiten. Cherokee-Expeditionen machten sich 1849 und 1850 auf die Suche. 150 Cherokees und 15 Negerdiener entdeckten 1850 Gold am Ralston Creek in Colorado und die ausführlichen Berichte des Cherokee John Lowrey Brown führten 1858 zu erneuten Expeditionen und Untersuchungen in Colorado, die schließlich den gewaltigen »Pike's Peak Gold Rush« auslösten. Von 1860 bis zur Jahrhundertwende währte dieser Boom in den Rocky Mountains, an dem Hunderttausende profitierten, nur die Cherokees nicht. Die Völkerwanderung zum Pike's Peak führte unvermeidlich zum Aufstand der nördlichen und südlichen Cheyennes, der von der Colorado Miliz im blutigen Sand Creek-Massaker niedergeschlagen wurde. Auch die Utes und Paiutes von Colorado lernten die Art der Weißen kennen, Hindernisse aus dem Wege zu räumen.

Im Frühjahr 1862wurde reichhaltiges Placergold (Gold, das aus Erdreich ausgewaschen werden konnte) in der Alder Schlucht von Montana gefunden, und wie ein Lauffeuer breitete sich auch diese Kunde aus. Die Enttäuschten im Mother Lode, im Comstock Lode und am Pike's Peak und Hunderttausende, die noch unterwegs nach Kalifornien, Nevada und Colorado waren, wanderten über den Oregon Trail nach Montana, und dort geschah, was allerorten geschehen ist: Innerhalb kürzester Zeit schoß die Minenstadt Virginia City hoch, das ganze riesige Tal wurde zum Hexenkessel und erlebte 1863/64 das strengste und erbarmungsloseste Justizverfahren der amerikanischen Geschichte: Der größte Teil einer Bande von Wegelagerern, die unter der Leitung ausgerechnet des Sheriffs (Henry Plummer) das Land in Angst und Terror versetzte, wurde aufgeknüpft, wo man ihrer habhaft wurde.

Alle diese Großfundstellen zogen Massen von Menschen an ebenso wie die kleinen Fundstellen. Ständig nahm der Zug nach Westen zu, lockten immer neue phantastische Gerüchte die Menschen in immer unzugänglichere Gebiete. Nichts schreckte diese Glücksritter, selbst im Tal des Todes, in dem Klapperschlangen Mühe hatten zu überleben, ließen sich Menschen nieder. Wyoming, Idaho, Oregon, Washington, Utah und Nebraska wurden vom Boom erfaßt.

1874 verbreitete die US-Armee das Gerücht, daß die Black Hills, die »Heiligen Berge der Sioux« Placergold in »rauher Menge« enthalten, und augenblicklich erlebten die Black Hills inmitten eines Gebiets, das den Sioux für »ewige Zeiten« zugesagt war, einen der größten Booms der Geschichte. In nur wenigen Wochen wurde Deadwood zu einer Metropole inmitten des Siouxgebiets, und wie überall ist der Raubbau, den die Goldgräber an der Natur betrieben, kaum zu beschreiben. Innerhalb eines Jahres waren die vordem dicht bewaldeten Schwarzen Berge zur Hälfte kahlgeschlagen, alles Wild in weiter Umgebung total ausgerottet. Bäche und Flußläufe verschmutzten so stark, daß die Fische ausstarben, die Weideflächen für die Indianerpferde wurden regelrecht kahlgefressen. Und da die vielen Menschen Nachschub an Nahrungs-, Genußmittel und Material benötigten, gab es auch bald immer mehr ausgefahrene Routen. Von diesen schwärmten Jägerkolonnen aus, die die Bisonherden abschossen, um die Black Hills mit Fleisch zu versorgen.

1877 entdeckte Ed Schieffelin im San Pedro Tal, Arizona, reichhaltige Silbererzvorkommen, und wieder war innerhalb kürzester Zeit das vordem menschenleere Wüstengebiet von Abenteurern überflutet. Die Stadt Tombstone wurde in nur wenigen Wochen zur Großstadt mit 20 000 Einwohnern.

Auch in New Mexiko fand man Placergold und Erz, und es war das gleiche Bild. Die Indianer des Südwestens versuchten sich zur Wehr zu setzen, die Apachen entfesselten einen mörderischen Kleinkrieg, aber gegen die brutale Rigorosität der Goldsucher hatten sie kaum eine Chance. Diese schossen auf jede Rothaut, sobald sie ihrer ansichtig wurden, ohne je eine Frage zu stellen.

Im Gefolge der Goldsucher befanden sich die fliegenden Händler, die Filialleiter großer Handelskonzerne, die sofort allen Handel an sich rissen, die zahllosen Schnaps- und Bierhändler, die Gastwirte und Saloonbesitzer, Spediteure, Bankiers, Juweliere, Bordellinhaber und Scharen von Mädchen und Frauen. Kaum konnte man absehen, daß der Boom längere Zeit währen würde, so trafen auch schon die ersten Viehherden ein, ließen sich Rancher und Farmer in der näheren und weiteren Umgebung nieder, wurden Schlachthäuser und Konservenfabriken, Kirchen und Gefängnisse errichtet, etablierten sich die Polizeitruppen, wurden Postkutschenlinien über das Land gezogen, Rast- und Pferdewechselstationen errichtet, Wasserbrunnen gegraben und mit Windmühlenpumpen versehen. Es trafen die Ehefrauen und Familien ein, man baute Schulen, die Zelt- und Bretterbudenhäuserzeilen wichen festen Bauten. Politiker kümmerten sich um die territoriale Anerkennung, sie forderten den Anschluß an Eisenbahnnetze, verlangten den Schutz der US-Armee vor Indianerangriffen, und zahllose Zeitungsverleger trugen ihren Teil bei, jeden Boom ins Gigantische zu verzerren und immer mehr Menschen herbeizulocken.

Und das alles fand an vielen Orten im Westen gleichzeitig statt. Nirgendwo sonst auf der Welt wurden Millionen Dollar so schnell verdient und so schnell ausgegeben. Die Masse der Goldsucher behielt letzten Endes so gut wie nichts von diesem Reichtum. Im Vertrauen auf den nächsten Fund verpraßten sie Unsummen. Die wirklichen Gewinner waren die kapitalkräftigen Händler, Hoteliers, Vergnügungsunternehmer, die Transportunternehmer, Eisenbahnkonzerne, Großbanken, Land- und Immobilienspekulanten, die Großaktionäre, Waffenfabrikanten und Makler. Die zahllosen »Boothills« (Friedhöfe) dieser Minenstädte künden vom Sterben hauptsächlich der kleinen Leute, der primitiven Radaubrüder, Revolvermänner, Säufer, Dirnen und Banditen. Die noch zahlreicheren Gräber ohne Namen, die sich irgendwo in Wüsten und Steppen befanden, beherbergten getötete Cowboys, Eisenbahner, Soldaten, Postkutscher und Fahrgäste, Maultiertreiber und einsame Prospektoren. Die Unzahl bleichender Menschenknochen gehörten meistens getöteten Indianern oder Mexikanern, die man allgemein weniger der Gattung Mensch, als vielmehr dem »Wild« zuordnete.

Die Goldrausch-Ära, die genau ein halbes Jahrhundert andauerte und als Initialzündung für die Besiedlung und ausbeutende Erschließung hauptsächlich der für landwirtschaftliche Nutzung unergiebigen Wildnisgebiete wirkte, rief nach dem Bürgerkrieg (1861—1865) nicht nur die reguläre US-Armee auf den Plan, sondern wirkte auch als eine Art Ventil für Hunderttausende demobilisierter Soldaten beider Seiten und arbeitsloser Industriearbeiterheere der Waffenindustrie. Die Goldrausch-Äre wirkte aber auch als ein psychologisches Ventil: Während des mit größter Erbitterung geführten Krieges hatte sich der mittelbar und unmittelbar teilnehmenden Millionen von Amerikanern eine wachsende Aggression und Menschenverachtung bemächtigt — ein Phänomen, das während jedes Krieges zu beobachten ist. Nun hatten diese aufgestauten Aggressionen eine geradezu ideale Gelegenheit, sich in körperlichen Strapazen, im Kampf mit dem Klima, der Wildnis und mit seinesgleichen ungehemmt und ungehindert auszutoben. Der absolute Mangel an religiösen, ethischen und dirigistischen Tabus, das Nichtvorhandensein staatlicher Autorität führte zu einem Phänomen, daß es vorher in der Geschichte der Menschheit nie gegeben hat: Aggressivität als eine Art Sport und sportliche Aggressivität als Garant für materiellen Erfolg.

Gold: Nuggets (links), Staub (Mitte), Körner

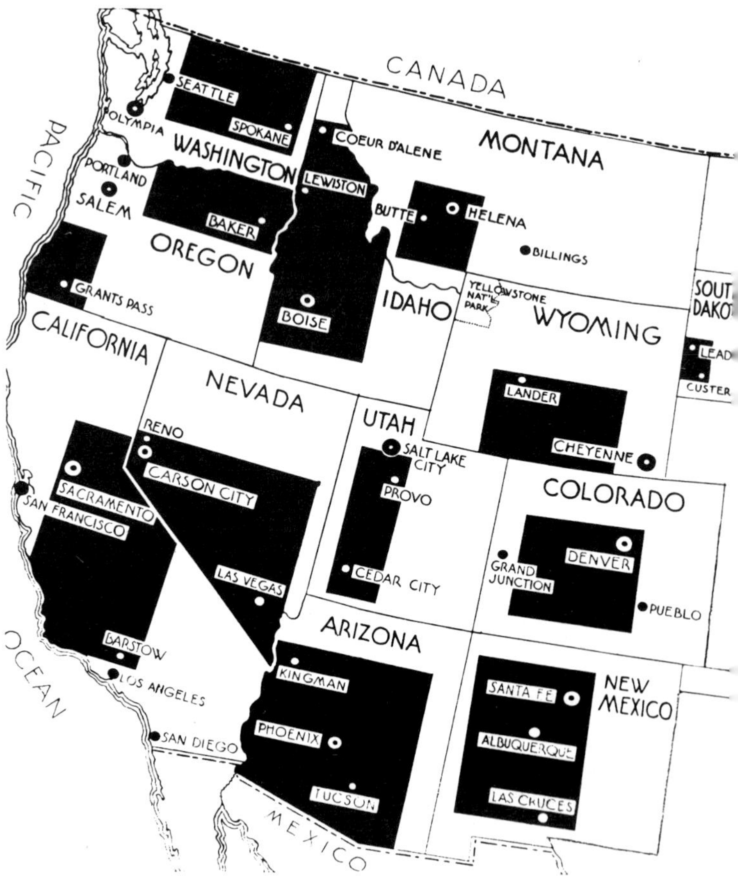

Goldfund-Gebiete im Westen. 1692 entdeckte der Franziskaner Eusebio Francisco Kino Gold in Arizona und Kalifornien, den ersten Boom löste Francisco Lopez 1842 im Placerity Canyon (Kalifornien) aus. Nach den Goldfunden in Kalifornien 1847 setzten sich im Lauf der Zeit 12 Millionen Menschen von Osten nach Westen in Bewegung. Weitere Funde: 1859 Comstock Lode, Nevada; 1860 Washington Territorium; 1861 Idahoe; 1863 Alder-schlucht, Montana; 1866 Utah; 1868 New Mexico; 1875 Black Hills, South Dakota; 1900 Tonopah und Goldfield, Nevada. Silber: 1859 Colorado; 1877 Tombstone, Arizona. Kupfer: 1880 Wyoming

James W. Marshall entdeckte 1847 als erster faustgroße Gold-Nuggets vor Sutters Sägemühle in Kalifornien

Lieutenant Edward Fitzgerald Beace brachte, als Mexikaner verkleidet, die Nachricht von den kalifornischen Goldfunden nach Washington. Er legte die ganze Strecke zu Pferd zurück

Der Ire Timmy McNarny, 1851, mit seinem Sack Gold im Wert von 90 000 Dollar

Links Scharenweise folgten Prospektoren dem Donner-Treck-Weg nach Kalifornien

Links unten An Stellen, wo Gold gefunden wurde, reihte sich Claim an Claim. Es herrschte große Betriebsamkeit

Überall an Wegkreuzungen entstanden »Ausrüstungsgeschäfte«

Die Dampfmaschinen-Seilwinden für die Fördertürme der tiefen Nevada-Silberbergwerke wurden von erfahrenen Maschinisten aus Cornwall, England, den sogenannten »Cousin Jacks« bedient. Illustration aus Lesly's Monthly Magazine 1878

Links Eine Comstock-Zyanid-Aufbereitungsanlage

Links unten Geschmolzenes Silber wird in Barren gegossen

Mit einer Geschwindigkeit von 8 Metern pro Sekunde ging in zweistöckigen Förderkörben die »Seilfahrt« in die Tiefe der Bergwerke

Die »erste Frau in der Stadt« — ehrbar oder nicht — wurde stets enthusiastisch von der ganzen Männerwelt im Triumphzug durch die Hauptstraße zum feinsten Hotel geführt

Frauen in Silver-City, die die streikenden Bergleute unterstützten

Das »Hit the Nigger«-Spiel war auf den Jahrmärkten der Goldrausch-Ära vor dem Bürgerkrieg sehr beliebt. Die Köpfe der Neger wurden nicht nur mit Eiern beworfen, sondern auch mit Kokosnüssen u. a. harten Gegenständen, was den Negern oft das Leben kostete

Amüsement in Kalifornien, 1854

Die wenigen Indianer, sich mit den Goldgräbern arrangierten, nahmen die Sitten der Weißen an. Sie spielten Poker. Die »Police News« schrieb zu diesem Bild: »Er verlor alle seine Kleidung außer seinem Lendenschurz. Dieser Washoe-Indianer opferte sein letztes Kleidungsstück für einen letzten Einsatz«

William Russell fand 1858 am Cherry-Creek in Colorado Gold und löste den »Pikes-Peak«-Goldrausch aus

John H. Gregory (2. von links) vor seiner fündigen Goldader

Goldsucher 1860. Links der legendäre »Two Men Alex« Crosby

Ladies without
not allowed
on the Beach
without Baggage
in advance
O. G. DINING ROOMS 16 TO ONE
Ocean Grove

BOARD
LODGING

Ein Journalist aus New York trifft in Leadville ein

Links Das erste »Hotel« in den Colorado-Goldfeldern. »Damen ohne Begleitung werden nicht aufgenommen, Touristen ohne Gepäck zahlen im voraus!« So empfing das Ocean Grove-Hotel seine Gäste. Der »Speisesaal« war eine Felshöhle

Links unten Straßenszene einer Goldgräberstadt in Colorado

Saloon in Emmett, Idaho, 1879

Links Horace Tabor, der Silberkönig von Denver, erbaute diese Oper

Die ersten Gold- und Silberkönige des Westens, die industriellen Bergbau betrieben und phantastische Gewinne machten

Leadville in Colorado, eine Silberminenstadt in den Bergen

Der Goldsucher Wilhelm Jakob Rocktaeschle aus Reutlingen bezahlte 1892 plötzlich mit kleinen, einpfündigen Goldbarren

Diese fünf Männer fanden am 26.5.1863 auf der Flucht vor Indianern in der Alder-Schlucht, Montana, Gold im Wert von 18 000 Dollar: Bill Fairweather, Tom Cover, Henry Edgar, Barney Hughes, Mike Sweeney (von links nach rechts)

Vier schwerbewaffnete Männer begleiten einen Maultier-Goldtransport von Virginia City nach Bannack

Goldsucher in der Alder-Schlucht, Rocky Mountains, Montana, 1866

In wenigen Monaten wurden 22 Banditen von Vigilanten in Montana gehängt, 1864

Mechanischer Goldabbau mit Hochdruck-Wasserspritzen in der Plowman Mine in Idaho City

Goldgräber, die die Konkurrenz der Chinesen unerträglich fanden, machten rücksichtslos Jagd auf sie. Sie schnitten ihnen die Zöpfe ab und zertrümmerten ihre Geschäfte

Stollenbergbau in den Black Hills bei Deadwood, 1895. Das Gold in den Black Hills wurde nicht in den Flüssen gefunden, sondern man mußte die Erzadern im Felsgestein abbauen

Eduard Schieffelin, 1878. Ein Jahr zuvor hatte er im San Pedro Tal, Arizona, reichhaltiges Silbererzvorkommen entdeckt und einen neuen Silber-Boom entfacht. Die Stadt Tombstone hatte innerhalb kürzester Zeit 20 000 Einwohner

Diese Goldsucher überlebten eine Begegnung mit Apachen in Arizona nicht. Sie fanden 1878 Gold — und den Tod: George Noon, James Humphrey, Shannon Wilson Bell, Israel Swan, Frank Miller (von oben nach unten)

»Tiger Nelly« — Tanz- und Freudenmädchen im »House of Lords« von Fort Smith (1879) und im »Orient-Saloon« von Tombstone (1881)

Cherokee-Botschafter Attakullaculla mit seiner Diplomaten-Delegation in London 1730. Die Cherokees gehörten zur Irokesen-Nation, bewohnten das Appalachen-Gebirge und siedelten später in Tennessee, Georgia und Carolina. Sie waren ein hochzivilisiertes Volk mit festen Städten, einem Präsidial-Zweikammersystem und unterhielten Botschafter am Hof Georgs II. Die US-Regierung aber ließ ihre Armee unter General Scott aufmarschieren, die Cherokees wurden zwangsweise nach Oklahoma umgesiedelt. Dieser »Marsch der Tränen« (1838/39) ist eine der schlimmsten Tragödien. Auf dem Marsch starben 20% aller Indianer an Hunger, Kälte, Durst, Cholera und Typhus

GWY JƌƋᏌᎳᎣ. (PROTECTION)

CHEROKEE PHŒNIX.

NEW ECHOTA, WEDNESDAY JULY 9, 1828.

BY ELIAS BOUDINOTT.

C H. HARRIS,

Resolved by the National Committee and Council, That no person shall be allowed to erect or establish a billiard table in the Cherokee Nation, without first obtaining a license from the Treasurer of the Nation, and paying into the Treasury the sum of two hundred dollars as a tax pr. annum, and such license shall not be given for a longer period than one year at a time; and any person or persons, who shall erect or establish a billiard table without first obtaining a license as herein required shall, upon conviction, pay a fine of four hundred dollars, for the benefit of the Cherokee Nation.

New Echota, Nov. 16, 1826.

JNO. ROSS, Pres't N. Com.
MAJOR RIDGE, Speaker.

Approved—PATH ✕ KILLER.
CHARLES HICKS.

A. McCOY, Clerk of the N. Com.
E. BOUDINOTT, Clk. N. Coun.

Resolved by the National Committee and Council, That the resolutions passed Oct. 15th 1825, suspending the poll tax law, and the law imposing a tax on citizen merchants of the Cherokee Nation, be, and the same are

Die erste Seite der ersten Ausgabe des »Cherokee-Phoenix« vom 9. Juli 1828. Von dieser Zeit an wurden auch viele Bücher in die Cherokee-Sprache übersetzt. Die lesebesessenen Cherokees besaßen 1832 eine große Nationalbibliothek

Das gebildete Volk der Cherokees hatte ein eigenes, offizielles Alphabet, daß Sequoyah 1809—1821 schuf. Innerhalb von 2 Jahren hatten 24 000 Cherokees ihre Schriftsprache erlernt

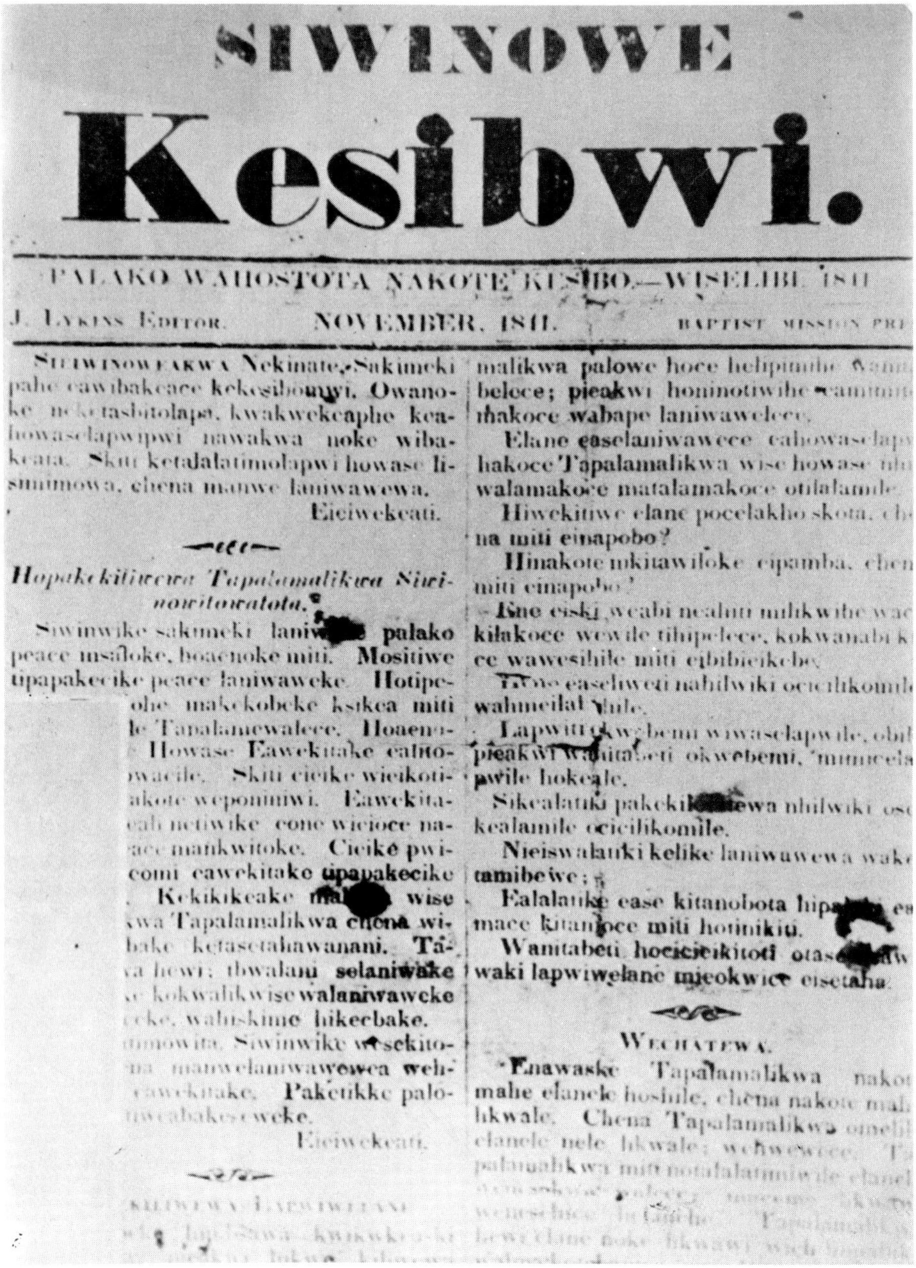

SIWINOWE Kesibwi.

PALAKO WAHOSTOTA NAKOTE KESIBO.—WISELIBI 1841

J. LYKINS EDITOR. NOVEMBER, 1841. BAPTIST MISSION PRE[illegible]

SIEIWINOWEAKWA Nekinate, Sakimeki pahe eawibakeace kekesibouwi. Owanoke neketashitolapa, kwakwekeaphe keahowaselapwipwi nawakwa noke wibakeata. Skiti ketalalatimolapwi howase lisnimowa, chena manwe laniwawewa.

Eiciwekeati.

Hopakekitiwewa Tapalamalikwa Siwinowitowatota.

Siwinwike sakimeki laniw[illegible] palako peace nsaloke, hoaenoke miti. Mositiwe tipapakecike peace laniwaweke. Hotipeohe makekobeke kstkea miti le Tapalamewalece. Hoaeno- Howase Eawekitake caltowacile. Skiti cieike wieikotiakote weponiniwi. Eawekitaeah netiwike cone wieioce naace mankwitoke. Cieike pwicomi cawekitake tipapakecike. Kekikikeake [illegible] wise kwa Tapalamalikwa chena wibake ketasetahawanani. Tawa hewi; thwalani selaniwake ke kokwalikwise walaniwaweke ceke, wahskime hikeebake. [illegible] Siwinwike wesekitona manwelaniwawewea wehcawekitake. Paketikke palotiweabakeseweke.

Eiciwekeati.

malikwa palowe hoce helipinihe [illegible] belece; pieakwi honinotiwihe [illegible] ihakoce wabape laniwawelece.

Elane easelaniwawece eahowaselap[illegible] hakoce Tapalamalikwa wise howase [illegible] walamakoce matalamakoce otilalamile [illegible]

Hiwekitiwe elane pocelakho skota, chena miti einapobo?

Hinakote nkitawiloke eipamba, chena miti einapobo?

Ene eiski weabi nealmi nihkwibe wac[illegible] kilakoce wewile tihipelece, kokwanabi k[illegible] ce wawesihile miti eibibieikebe.

[illegible] easelweti nahilwiki ocicilikomil[illegible] wahneilat[illegible]ile.

Lapwitekwebeni wiwaselapwile, obi[illegible] pieakwi wanitabeti okwebeni, [illegible] pwile hokeale.

Sikealatiki pakeki[illegible]ewa nhilwiki os[illegible] kealamile ocicilikomile.

Nieiswalatiki kelike laniwawewa wak[illegible] tamibewe;

Ealalatike ease kitanobota hip[illegible] mace kitanpoce miti hotinikiti.

Wanitabeti hocicieikitoti otas[illegible] waki lapwiwelane mieokwice eisetaha.

WECHATEWA.

Enawaske Tapalamalikwa nako[illegible] mahe elanele hoshile, chena nakote mal[illegible] likwale. Chena Tapalamalikwa omeli[illegible] elanele nele likwale; wehwewece. Ta[illegible] palamalikwa miti notalalamiwile elanel[illegible]

Vom hohen Bildungsstand mancher Indianergruppen kündet auch die Indianer-Zeitung »Siwinowe Kesibwi« (»Shawnee-Sonne«), die 1835 von Jotham Meeker gegründet und in der Shawnee Baptisten-Mission im heutigen nördlichen Kansas gedruckt wurde. Sie erschien in einer englisch orthographierten Version der Shawnee-Sprache. Abgebildet ist die erste Seite der einzigen bekannten Ausgabe vom November 1841

Cherokee-Frauenseminar der Landwirtschaftsakademie der Cherokee-Nation in Tahlequah 1851. Die Cherokees hatten eine fortschrittliche Agrarwirtschaft, ein eigenes Zivil- und Strafgesetz, Richter, Staatsanwälte, Polizeiorgane und konnten zur Zeit der Staatsgründung der USA als durchaus höher und kultivierter angesehen werden als die Amerikaner. John Ross (*1709, †1866), Cherokee-Präsident, urteilte über die Amerikaner: »Ich kenne die Welt der Weißen genug, um sie beurteilen zu können. Diese Menschen sind nicht schlechter und besser als wir Indianer. Sie haben Talentierte, Schufte und Heuchler, ebenso wie hervorragende, ehrenwerte Persönlichkeiten gleichermaßen wie wir. Ich erkenne nur, daß ihr ganzes soziales gesellschaftliches System nur einfach schicksalhaft schlecht ist«

Die Frau des Cherokee-Präsidenten John Ross im Jahre 1832, eine reinblütige Cherokee

Die US-Armee: Offiziere, Soldaten, Motive und Aktivitäten

»Die Indianerkriege der Vereinigten Staaten waren nicht die unbarmherzige Unterwerfung einer minderwertigeren Rasse. Die Kriege waren nicht wegen der Wildheit der Indianer unvermeidlich, die tatsächlich grausige Massaker, Foltern und Raube begingen. Die Kriege waren kein epischer und heroischer Kampf der Indianer für Land und Heimat. Der Indianer war weder der blutrünstige Abschlächter der Filme und Fernsehspiele, noch der waidwunde Unschuldige einiger Sozialhistoriker. Der Indianer wurde nicht unbarmherzig nach Westen getrieben, ehe er »das Ende des Trails« erreichte. Die Indianerkriege waren nichts von alledem — obwohl schließlich die meisten von ihnen das auch glaubten. Die Indianerkriege waren vorwiegend eine Auseinandersetzung zwischen verschiedenen Lebensarten, die vollkommen unvereinbar miteinander waren.«
Monaghan, J., The Book of the American West, Seite 195

Folgende Doppelseite Monument Valley, Arizona. Rechts ein Navaho zu Pferd

Diese Ansicht vertreten heute viele amerika-nische Historiker. Man kann sie angesichts der historischen Fakten nur verstehen, wenn man selbst von der sendungsbewußten Überzeugung tief durchdrungen ist, daß die amerikanische Lebensart die beste und herrlichste aller denkbaren auf Erden sei. Wie anders kann man sonst die sogenannten Indianerkriege interpretieren, als die unbarmherzige Unterwerfung einer technisch und zahlenmäßig unterlegeneren Rasse. Daß viele amerikanische Historiker geneigt sind, technische Unterlegenheit gleichzusetzen mit Minderwertigkeit beweist die Tatsache, daß man dem Stellenwert der rationalen Technik einfach alles unterordnet und andere als technisch-materielle Werte überhaupt nicht als Werte Anerkennung finden. Die sinnlosen Grausamkeiten und Brutalitäten, die zahllosen Beispiele von blutigem Sadismus und unmenschlicher Raserei sind auf der Seite der Weißen erheblich zahlreicher und vollständiger, als sie es auf der Seite der Indianer jemals waren, — ganz zu schweigen von jenem anonymen Terror, den administrative unmenschliche Entscheidungen ausübten. Wenn der Kampf der Indianer nicht angesichts einer ununterbrochen anhaltenden und sich ständig steigernden gewaltsamen Invasion der Weißen um Land und Heimat geführt wurde, — um was denn sonst? Natürlich wurde der Indianer im Zuge dieser Entwicklung unaufhaltsam nach Westen getrieben, und natürlich ist es so, daß er irgendwann mit »dem Rücken zur Wand« stand und nur noch die Alternative hatte, kämpfend zu sterben oder versklavt ins Ghettoschicksal der Reservationspolitik geschickt zu werden. Daß die Indianerkriege eine Auseinandersetzung zwischen zwei verschiedenen, nicht zu vereinenden Lebensarten war, ist eine Tatsache.

Der US-Armee, sowohl den Generalen und sonstigen Offizieren, wie auch den Soldaten, sind stets edle und heldenmütige Motive nachgesagt worden. Sie ertrugen unmenschliche Strapazen, sie riskierten Kopf und Kragen, um einer glorreichen Entwicklung den Weg zu bahnen, sie nahmen Drill und harte Strafen, karge Entlohnung fast klösterliche Entsagungen und auch noch den Spott der zivilen Umwelt mit messianischem Sendungsbewußtsein auf sich, weil Undank die Braut des Soldaten ist. Nun, die Motive von Militärs haben sich — solange es sie gibt — eigentlich nie mit denen der Masse des Bürgers in einer Gesellschaft in Übereinstimmung bringen lassen. Das war im Wilden Westen nicht anders.

Die Soldaten dieser Armee taten so gut wie nichts freiwillig, sie gehorchten Befehlen. Und wenn sie es nicht in bewährtem Kadavergehorsam taten, fielen sie ebenso brutalen wie sadistischen körperlichen und seelischen Züchtigungen anheim. Sie waren den Schindereien ihrer Vorgesetzten hilflos ausgesetzt — nur unter extremsten Umweltbedingungen.

Die Berufssoldaten bildeten eine Gemeinschaft von Männern, die im Korsett militärischer Ordnung und mit den Krücken einer selbstgebastelten Ehre und Selbstbestätigung nach Nebeneinnahmen strebten. Diese Offiziere waren im Bürgerkrieg für Tapferkeit, Ausdauer und blindem Gehorsam großzügig und freigiebig mit Orden und Beförderung beschenkt worden. Am Ende des Krieges hat keine Armee der Welt soviele Reserve-Generäle und Reserve-Oberste gehabt, wie die amerikanische. Nach dem Krieg konnten aber nur knapp 10 Prozent dieser Offiziere in die geschrumpfte Armee aufgenommen werden. Da man Dutzende von Generälen in einem kleinen Regiment tatsächlich nicht gebrauchen konnte, stellte man den Altgedienten anheim, entweder um zahlreiche Ränge zurückgestuft Dienst zu tun, oder ins Zivilleben zurückzukehren. So geschah es, daß Bürgerkriegsgeneräle als kleine Captains, Oberste als Lieutenants Dienst versahen. Zum Beispiel mußte sich der hochdekorierte Generalmajor George Armstrong Custer mit dem Rang eines Obersten zufriedengeben. Nicht anders die mittleren Offiziere (Lieutenants, Captains, Majors) des Bürgerkriegs: sie begannen als Unteroffiziere und Feldwebel. Ein erheblicher Teil dieses Offizierkorps war also enttäuscht und frustriert.

Die Soldaten waren Freiwillige, zum Teil Altgediente, die sich für ein bürgerliches Leben ungeeignet hielten, Gescheiterte, die in der Armee aus allen möglichen Gründen Zuflucht suchten. Andere waren frische Einwanderer, die auf diese Weise am billigsten in den Westen gelangen wollten.

In einer Zeit, da sich die ganze Nation im Rausch des abenteuerlichen Geld- und Besitzmachens befand, da jeder Mensch frei war von äußeren Zwängen und schon kleine Meinungsverschiedenheiten zu tödlichen Schußwechseln führten, da Zeitungen und Gerüchte voll von Berichten über unermeßliche Schätze und Chancen waren, in einer solchen Zeit erhielten diese Soldaten einen Sold von 13 Dollar im Monat, wurden in abgeschlossene Forts eingeschlossen, es wurde ihnen zugemutet, aus steinhartem Armeezwieback zuerst die Maden herauszuklopfen, um dann bei gutem Appetit zu sein.

Cholera- und Typhusseuchen rafften halbe Regimenter dahin. Die Soldaten mußten oft in Hörweite erleben, wie gefangene Kameraden von den Indianern gemartert wurden — Soldaten, die im unbekannten Land verhungerten und verdursteten, die erfroren und ertranken, die an tausend Krankheiten starben, noch ehe sie überhaupt jene, die es zu schützen galt, zu Gesicht bekamen, ehe sie noch den ersten Indianer gesehen hatten. Unteroffiziere und Offiziere betrachteten und behandelten die einfachen Soldaten als Untermenschen.

Diese US-Armee hatte eine Desertationsquote von bis zu 40 Prozent. Soldaten waren aggressiv. Aus geringem Anlaß verloren sie die Fassung und stritten sich in einer Art und Weise, die bald im ganzen Westen berüchtigt war.

Für diese US-Armee waren die Indianer ein willkommenes Feindbild, an dem sie alle aufgestauten Aggressionen abreagieren konnten. Das schloß Alte, Frauen und Kinder so vollkommen ein, daß bei den Feldzügen zwischen diesen und den Kriegern in der Regel keine Unterschiede gemacht wurden. Daß die Indianer ihrerseits kaum Gefangene machten, und wenn folterten, hatte den Hintergrund, daß ihnen bewußt war, einen gnadenlosen Gegner vor sich zu haben, von dem sie selbst keine Gnade erwarten konnten. Im Gegensatz dazu ist anzumerken, daß die Neger-Regimenter weit weniger aggressiv und als Soldaten erheblich zuverlässiger waren. Dies mag sich daraus erklären, daß die Neger erst seit dem Bürgerkrieg das Privileg genossen, Rekruten sein zu dürfen, während sie noch kurz vorher Sklaven waren.

Es darf nicht übersehen werden, daß zur gleichen Zeit die europäischen Mächte im Begriff waren, sich Kolonien zu schaffen. Sie hatten in der Behandlung der Eingeborenen-Volksstämme der von ihnen unterworfenen Kolonialgebiete genau das gleiche Feindbild entwickelt wie die weißen Amerikaner den Indianern gegenüber. Es gab nur einen wesentlichen Unterschied: Die Kolonien lagen weit vom Mutterland entfernt, die staatliche Autorität war niemals und zu keiner Zeit in Frage gestellt, die »Eingeborenen« in den Kolonialgebieten stellten keine lästigen Hindernisse dar, sondern wurden als Ausbeutungsobjekte ins koloniale Kalkül einbezogen. Ausnahmefälle bestätigen diese prinzipielle Einstellung. Das »Mutterland« in den USA waren, wenn man so will, die Atlantikstaaten. Doch sind den Amerikanern schon während der englischen Kolonialepoche die Indianer niemals als eine Art »Eingeborene« vorgekommen, sondern sie blieben stets eine Art »wilder Raubtiere«, die man beseitigen muß.
Die bewaffneten Auseinandersetzungen, die man seitdem die »Indianerkriege« nennt, in Wirklichkeit aber — mehr oder weniger — nur Scharmützel waren, lassen sich nach den nüchternen Armeeberichten wie folgt zusammenfassen:
Von 1789 bis 1848: 96 Auseinandersetzungen (weniger als 2 pro Jahr). Von 1848 bis 1861: 206 Auseinandersetzungen. Von 1865 bis 1898: 938 Auseinandersetzungen. Während des Bürgerkrieges (1861) läßt sich die Zahl schwer bestimmen, weil Indianer auch auf beiden Seiten gegeneinander kämpften.

Insgesamt ergeben sich von 1848 bis 1898 1144 Auseinandersetzungen, also etwa 27 pro Jahr. Während der insgesamt 1240 Kämpfe von 1789 bis 1898 wurden 1105 Offiziere und Soldaten getötet, 1391 verwundet: etwas weniger als 1 Toter und etwas mehr als 1 Verwundeter pro Auseinandersetzung. (Nach Monaghan, J., The Book of American West, Seite 202).

Es fällt einigermaßen schwer, angesichts solcher Zahlen und Größenordnungen von »Indianerkriegen« zu sprechen, soweit sich dieser Begriff auf die US-Armee bezieht. Was die Indianer aber betrifft, deren Verluste um ein Vielfaches höher lagen, und deren Land während dieser Zeit so total besetzt und übernommen wurde, daß nachher nur noch die Ghettos der Reservationen übrigblieben, so ist es durchaus berechtigt, von einem permanenten Kriegszustand auszugehen.

Die ersten US-Soldaten, die den Westen betraten, waren eine Kompanie

Dragoner, die von 1829 an die Handels-Trecks auf dem Santa Fe Trail zum Schutz vor Kiowa-Apachen und Comanchen begleiteten.

Ein Regiment mit 10 Kompanien Dragonern vervollständigte diese Truppe ab 1833. In der Regel marschierte eine Truppe von 5 Kompanien von Fort Leavenworth (Kansas) über den Oregon Trail zum South Paß nach Bents Fort und kehrte über den Santa Fe Trail wieder zurück: 2 200 Meilen in 99 Tagen. 1846, als die Völkerwanderung über den Oregon Trail begann, gesellte sich ein Regiment berittener Schützen (Mounted Riflemen) dazu. Mit dem Beginn des Goldrausches wurde diese Truppe verstärkt, so daß schließlich in einem Gebiet von fast anderthalb Millionen Quadratmeilen 6 Regimenter Kavallerie (1., 2., 3., 4., 5. und 6. Kavallerie) Patrouillendienst versahen.

Dies läßt den Eindruck entstehen, als hätte sich die US-Armee ständig den Indianern gegenüber in der Minderzahl befunden. Das ist aber ganz und gar nicht der Fall. Bei geplanten »Bestrafungsaktionen« hatte die US-Armee jedesmal eine sehr genaue Vorstellung von der Bewaffnung und Zahlenstärke des Gegners. Sie führte solche Aktionen nur durch, wenn ihre Überlegenheit mehr als gesichert war.

Diese Indianerkämpfe waren eng begrenzt, sporadisch und weit über den Westen verstreut. Niemals befanden sich alle Indianer im Aufstand und Kriegszustand, stets waren es nur einzelne Stämme, häufig sogar nur kleine Gruppen solcher Stämme.

Vergessen darf auch nicht werden, daß die Westwanderer, Goldsucher, Siedler und Städtegründer alles andere als hilflos waren. Sie waren erheblich, besser bewaffnet als die US-Armee, sie besaßen besseres Schießtraining und brauchten nicht an Munition zu sparen. Ob zur Verteidigung oder zum Angriff stets rotteten sie sich zu großen Gruppen zusammen, die in den meisten Fällen ebenfalls den jeweiligen Indianergruppen sowohl an Zahl, wie auch an Bewaffnung stark überlegen waren. Der Taktik, die sowohl von Armee wie von Zivilisten von Anbeginn verfolgt wurde, den ersten vernichtenden Schlag gegen Dörfer zu führen, die nur mit Alten, Frauen, Kindern und Kranken besetzt waren, sämtliche Pferderudel und Vorräte zu vernichten und möglichst niemanden am Leben zu lassen, hatten die Kriegergruppen der Indianer, die sich tunlichst weit von ihren Dörfern entfernten, eben um diese vor Schaden zu bewahren, nichts Gleichwertiges entgegenzusetzen.

Auch die Einstellung zur totalen Vernichtung des Gegners war auf seiten der Weißen in jener Zeit vorherrschend, während dieses Wollen bei den Indianern nur sporadisch, und dann meistens nur bei renitenten jungen Heißspornen die Oberhand gewann. Die Mehrheit der Amerikaner im Westen wurde von einer ständig auf höheren Touren laufenden Presse mit immer neuen Greuelgeschichten versorgt (dies häufig nur nach den Regeln der sensationsmachenden Auflagensteigerung). Die Armeeführung bauschte selbst die kleinsten Konfrontationen aus Prestigegründen nur zu gern gegenüber der Öffentlichkeit zu elementaren Lebensbedrohungen auf. Der Effekt war eine hochgradige Hysterie gegen alles, was »Indianer« hieß.

Eine reale Möglichkeit der Indianer, den Vormarsch der Besiedlung aufzuhalten, hat es deshalb zu keiner Zeit gegeben. Auch die Möglichkeit des friedlichen Nebeneinanders wurde nicht einmal theoretisch in Erwägung gezogen. Das Problem einer Koexistenz stellte sich für die Weißen erst gar nicht. Für sie war Vernichtung einfach die praktikabelste Lösung. Anders die Indianer: Von dem Augenblick an, an dem Weiße den Kontinent betraten, bis zu jenem, an dem der letzte Krieger resigniert eine Reservation betrat, haben sie Koexistenz für eine durchaus akzeptable Lösung gehalten, auch, als sie sich noch in den Mehrzahl befanden und eigentlich die weitaus Überlegenen hätten sein können. Diese gegensätzlichen Einstellungen bestimmten die Handlungsweisen, bis die eine Seite in Bedeutungslosigkeit versank.

Wohl gab es starke Strömungen bei den Weißen, ein positives Verhältnis zu den Indianern zu finden, aber sie hatten nie eine Chance, allgemeine Wirkung zu erzeugen.

Die erste Phase der Aktivitäten der USA-Armee zeigt ein Phänomen, daß bis zum Ende der Besiedlung nahezu in gleicher Weise feststellbar ist: Das Militär gehörte zur Nachhut der Besiedlung, es marschierte mit weitem Abstand hinter den »privaten« Eroberern. Während sich diese »private Eroberung« als außergewöhnlich flexibel und anpassungsfähig erwies, zeigt das Militär in seiner Konzeption ausgesuchte Starrheit, Intoleranz und geistige Unbeweglichkeit, verbunden mit einem engstirnigen Bürokratismus.

Kurz zusammengefaßt ergibt sich folgender Überblick über die Armee-Aktivitäten:

Südwesten:

1847 schlugen Missouri-Volunteers und Artillerie in New Mexico die sogenannte »Pueblo-Revolte« nieder. 150 Pueblos fielen, ihre Häuptlinge wurden gehängt.

1860—1863 wurde das »Navaho-Problem« gelöst: 1860 zerstört die 10. Infanterie ein Navahodorf nach dem anderen und schießt Hunderte von Pferden und Tausende von Schafen ab. Alle Vorräte wurden zerstört. 1863 befriedet Colonel Kit Carson mit der 1. New Mexico-Volunteer Infanterie die Navahos endgültig. Alle Navahos werden Gefangene.

1848—1861: Anhaltender Apachen-Kleinkrieg aus dem Hinterhalt gegen Transporte und Besiedlungsgrenzen.

Kit Carson besiegt die Mescalero-Apachen und führt sie in eine Reservation.

1855—1857: Die 2. Kavallerie-Abteilung und die Comanchen liefern sich 25 kleine Gefechte.

Nordwesten:

1854—1858: Yakima-Scharmützel, die mit der totalen Niederlage der Indianer, der Zerstörung ihrer Habe und der Hinrichtung ihrer Häuptlinge enden. Den Indianern wurde eine Reservation zugewiesen.

1854/55: Ausschaltung der Klamaths.

1856: Kern River-Feldzug.

1859: Pit River-Feldzug.

1860: Indian Island-Massaker.

1863—1865: Hupa-Feldzug und Strafexpeditionen gegen die Shoshonen. Um 1865 befanden sich die meisten Indianerstämme der Pazifikküste in Reservationen.
Great Basin:
1853: Mormonen-Miliz-Strafexpedition gegen die Utes.
1860: Abwehrgefechte von US-Peloton auf dem Oregon-Trail gegen Bannacks und Shoshonen.
1860: Paiutes überfallen die Pony Expreß-Kavallerie-Begleitung. 5 Kompanien der 6. Infanterie, die 1. Dragoner- und die 3. Artillerie-Abteilungen verwickeln die Paiutes in das Pyramid Lake-Massaker.
Plains:
1854: Grattan-Massaker der Miniconjou-Sioux.
1855: Strafexpedition von 9 Kompanien der 6. und 10. Infanterie. Die 2. Dragoner- und die 4. Artillerie-Abteilungen kämpfen gegen berittene Sioux bei Fort Laramie.
1857: 6 Kompanien der 1. Kavallerie-Abteilung und die 3 Kompanien der 6. Infanterie-Abteilung schlagen am Solomons Fork die Cheyennes.
Während des Bürgerkrieges:
1862: Aufstand der verhungernden Santee-Sioux in Minnesota. Strafexpedition und Gefecht am Wood Lake. 100 Gefangene werden zum Tode verurteilt, 38 Häuptlinge öffentlich am 26. 12. 1862 gehenkt.
1863/64: Die 8. Infanterie-Abteilung unternimmt eine Strafexpedition gegen die Teton-Sioux in Dakota. Gefechte am Big Mound, Dead Buffalo Lake, Stony Lake, White Stone Hill und Killdear Mountain.
1864: Sand Creek-Massaker an den Cheyennes.
1865: Sioux- und Arapahoe-Aufstand: Überfälle bei Rock Ridge, Sweetwater, Sage Creek, Bridgers Paß und Platte Bridge.
1865: Powder River Strafexpediton gegen Sioux, Cheyennes und Arapahoes.

Die Aktivitäten der US-Armee an der Pazifikküste und im Nordwesten, sowie in Kalifornien und im Great Basin waren praktisch nur noch der offizielle Abschluß der Ausrottungsaktionen der Goldsucher und Prospektoren. Die stark dezimierten Stämme dieses Raumes versanken in Bedeutungslosigkeit. Die zahlenmäßig sehr volkreichen Navahos wurden so gründlich besiegt, daß sie sich davon nie wieder erholten und nie mehr aufbegehrten. Die Utes und Paiutes in den Wüsten- und Rocky-Mountains-Regionen wurden durch den anschwellenden Silber-Boom in Colorado und durch zahllose »Jagdexpeditionen« der Goldsucher so verschreckt, daß sie sich ruhig verhielten.

Was als »Indianerproblem« des Westens nach dem Bürgerkrieg blieb, waren die ungeschlagenen Wüstengruppen der Apachen und die berittenen Plainsstämme der Comanchen, Kiowas, Cheyennes, Arapahoes und Sioux, die den Steppengürtel der südlichen, mittleren und hohen Plains besetzt hielten.

Die Aufgabe der US-Armee nach dem Bürgerkrieg stand damit fest: Befriedung dieser Reiterstämme, um den ungestörten Nachschub, die ungestörte Verbindung der Ost- mit den Weststaaten zu gewährleisten.

Links Krieger der Kiowa-Apachen. Dieser Stamm kam vom North Platte River, besaß schon um 1680 Pferde und wanderte, bedrängt von den Sioux und Cheyennes, über den Präriegürtel nach Süden, stieß auf die Comanchen und führte einen erbitterten Zweifrontenkrieg. Im 18. Jahrhundert arrangierte er sich mit den Comanchen

Kiowa-Apachen am Canadian River. Die Apachen gehörten zur südlichen Athapasken-Sprachgruppe. Sie gliederten sich in mehrere Stämme, u. a.: Chiracahuas, Cocoteros, Gilenos, Jicarillas, Kiowas, Lipans, Mescaleros, Mimbrenjos, Mogollons, Pinalenos, Tontos. Sie bewohnten hauptsächlich die Wüsten- und Steppengebiete des Südwestens, sie waren Wüstenwanderer und Jäger auf steinzeitlicher Kulturstufe. Das Pferd war ihnen für ihre Streifzüge bis tief nach Mexiko hinein unentbehrlich

Gruppe von Kiowa-Apachen, von links nach rechts: Poor Buffalo, Short Greasy Hair, Buffalo Chap, Never Got Shot, Feather Head. Den Spaniern und später den US-Truppen leisteten sie erbitterten Widerstand und kämpften meist aus dem Hinterhalt. 300 Jahre lang waren sie ständig in Kämpfe verwickelt. 1837 schlossen die Kiowas Frieden mit den USA und ließen sich am Oberlauf des Arkansas, des Canadian- und Red River nieder

Bird Wild Hog, Kiowa-Apache. Der Brustschmuck ist aus Röhrenknochen hergestellt. Durch die Röhren sind Lederschnüre gezogen, vertikale Lederstreifen dienen zur Versteifung. Die hängende Feder weist darauf hin, daß der Träger einen Feind getötet und ihn dann skalpiert hat

Crazy Bull und Freeday, Häuptlinge der Arapahoes-Indianer. Dieser Algonkin-Stamm lebte bis zur Mitte des 18. Jh. am Minnesota- und Cheyenne River, wurde von den Comanchen vertrieben und ließ sich dann südlich des Saskatchewan und in den Black Hills als nomadische Reiter nieder, wo sie mit den Cheyennes und Sioux gegen die weißen Einwanderer kämpften. Sie überfielen die Wagenkarawanen des Santa Fe Trails

Apachen in der San Carlos-Reservation. Von links nach rechts: Bat-Dish, Bak-El-Cli, Nod-Tsen, Guadelupe, Lopez. 1846 unternahmen die Apachen erneute Überfälle in Texas. 1867 schlossen sie bei Medizin Lodge einen Friedensvertrag und bezogen eine Reservation in Oklahoma. Nach neuen Überfällen wurden sie 1874 endgültig besiegt und in eine Reservation bei Fort Sill gebracht. Heute leben noch 193 Nachkommen der Kiowa-Apachen

Der Arapahoe Powder Face mit Frau und Kind. 1851 schlossen die Arapahoes einen Friedensvertrag mit der US-Regierung. Sie erklärten sich 1860 bereit, sich am Arkansas River in Colorado als seßhafte Ackerbauern niederzulassen. 1864 wurden sie im Sand Creek Massaker von der freiwilligen Colorado-Miliz-Armee unter dem Kommando des ehemaligen Methodisten-Predigers Colonel Chivington niedergemacht. Sie verbündeten sich mit den Sioux und führten anschließend einen blutigen Guerillakrieg gegen alle Weißen. 1870 begaben sie sich in die Red Cloud Agency-Reservation. 1877 wurden sie in das Indianer-Territorium von Oklahoma gebracht. Um 1830 lebten noch ca. 4000 Arapahoes im Reservat. 1879 stellten die USA die Definition auf: »Weder Cheyennes noch Arapahoes haben irgendein legales Recht auf Landbesitz«

Eine Auseinandersetzung droht: Tomahawk gegen Long Rifle. Illustration von W.H.D. Koerner

Vor allem die Apachen verbreiteten auch unter hartgesottenen US-Soldaten wegen ihrer Grausamkeiten Furcht und Schrecken

Fort Laramie 1846. In diesem vorgeschobenen Armeeposten, ursprünglich ein Pelzhändler-Handelsfort in Wyoming, schlossen 1851 die USA einen Friedensvertrag mit den nördlichen Reiterstämmen der Plains, doch gab es weiterhin schwere Auseinandersetzungen. 1868 unterzeichnete der Sioux Red Cloud hier einen neuen Vertrag

Camp Supply, Oklahoma. Nach der Schlacht am Washita River (1868) in der Custer die Cheyennes unter Black Kettle vernichtete, wurden die überlebenden Cheyennes und Arapahoes in diesem Gebiet in eine Reservation gebracht

Colonel John M. Chivington, verantwortlich für das Sand Creek Massaker

Arapahoe-Krieger im Camp Supply

Nach dem Sioux-Aufstand in Minnesota wurden 35 Häuptlinge zum Tode verurteilt und öffentlich hingerichtet

Kavallerie-Attacke

Rechts John Johnson hat soeben einen Crow-Indianer skalpiert, April 1866

Diese Männer der dritten Colorado-Kavallerie waren am Sand Creek Massaker beteiligt

Links außen John Crawfort, Scout und Skalpjäger

Links Gegen die Indianer kämpften auch galvanisierte Yankees (Überläufer der Nord- bzw- Südstaaten)

Links unten Erschossene Mitglieder der Quantrill-Truppe, die für den Süden kämpften, 1864

Colonel Kit Carson, Adobe Walls, 1864. Er besiegte die Navahos in der Schlacht im Canyon de Chelly, New Mexico

Die Gebeine getöteter »Jay Hawkers«, die für den Norden kämpften, werden bestattet, 1864

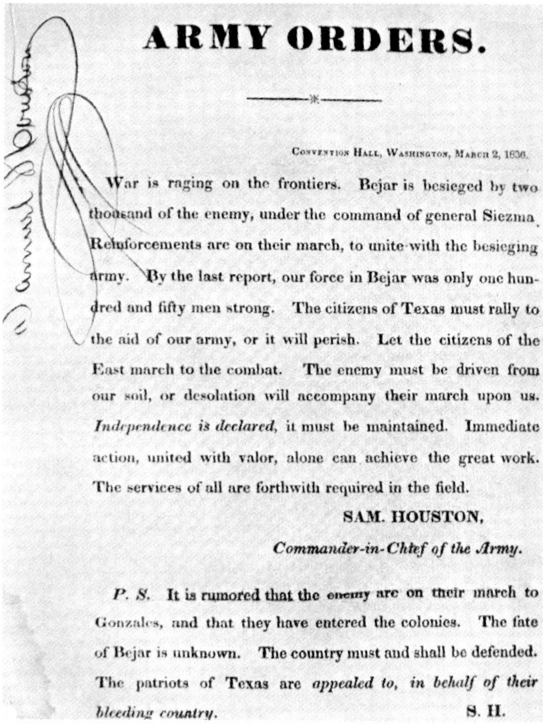

ARMY ORDERS.

Convention Hall, Washington, March 2, 1836.

War is raging on the frontiers. Bejar is besieged by two thousand of the enemy, under the command of general Siezma. Reinforcements are on their march, to unite with the besieging army. By the last report, our force in Bejar was only one hundred and fifty men strong. The citizens of Texas must rally to the aid of our army, or it will perish. Let the citizens of the East march to the combat. The enemy must be driven from our soil, or desolation will accompany their march upon us. *Independence is declared,* it must be maintained. Immediate action, united with valor, alone can achieve the great work. The services of all are forthwith required in the field.

SAM. HOUSTON,

Commander-in-Chief of the Army.

P. S. It is rumored that the enemy are on their march to Gonzales, and that they have entered the colonies. The fate of Bejar is unknown. The country must and shall be defended. The patriots of Texas are *appealed to, in behalf of their bleeding country.* S. H.

Von Mexiko wurden 1824 Weiße als Siedler nach Texas geholt. Sie sollten Mexiko vor den Comanchen schützen. Die Texaner erhoben sich 1836 und erkämpften die Unabhängigkeit von Mexiko

Rechts Ute-Indianer überqueren den Los Pinos, Colorado, 1869. Die in viele Unterstämme gegliederten Utes bewohnten die Gebirgstäler von Colorado, Utah, Nevada und New Mexiko. Sie waren erbitterte Feinde der Navahos und Pueblos

Rechts Mitte Utes am White River, 1881

Rechts unten Shoshonen-Dorf. Die Shoshonen bewohnten hauptsächlich die Felsengebirgsregion des Nordwestens. Die westlichen Shoshonen wurden auch »Diggers« (»Gräber«) genannt. Der Name Sho-sho-ni bedeutete bei den Nachbarstämmen soviel wie »Grashüttenbewohner«

Infanterie 1876

Der Ute-Indianer Sam Achee war Reservationspolizist. In dieser Eigenschaft sorgte er in der Reservation für Ruhe unter den Indianern. Diese Polizei wurde vom Bureau of Indian Affairs eingesetzt. Er hält hier als Musikant eine Holzfidel für den Bärentanz in den Händen, 1869. Wegen ihrer dunklen Hautfarbe wurden die Utes oft »Black Indians« (»Schwarze Indianer«) genannt

Ute- Indianer am White River, 3 Tage vor dem Aufstand. Nachdem die Utes in ihre Reservation am White River gebracht worden waren, versuchten die USA aus ihnen Ackerbauern zu machen. Die Utes wehrten sich dagegen und es wurden 10 Soldaten umgebracht. Noch ehe es zum Kampf kam, kapitulierten die Utes. Die Lebenserwartung der Utes wurde von der US-Regierung mit 10 Jahren berechnet. Für 1889 waren im Heimstätter-Plan die Ute-Reservationen bereits aufgeteilt

Rechts Shoshonen-Frau. Die Shoshonin Sacajawea diente der Lewis und Clark-Expedition 1804/05 als Führerin und bewahrte die Weißen vor dem Hungertod und Auseinandersetzungen

Rechts außen Shoshonen-Mumie

Has No Horse, Shoshonen-Häuptling. Die Shoshonen gelangten erst spät in den Besitz von Feuerwaffen und wurden dadurch oft Opfer blutiger Überfälle. 1868 unterzeichneten sie mit den USA einen Vertrag, der ihnen die Zuteilung einer militärisch geschützten Reservation zugestand. Die Shoshonen bezogen die Wind River Reservation in Wyoming

Transportwagen, Postkutschen, Pony Expreß

»Der erste, der einen Wagentreck über Land führte, war ein Anfänger. Captain Benjamin L. Bonneville nahm Urlaub von der Armee und mit der Finanzhilfe von östlichen Geldleuten — eingeschlossen Johann Astor — belud er zwanzig Wagen mit Indianerhandelswaren und startete 1832 nach Westen. Er überquerte die Rocky Mountains über den South Paß und erreichte den Green River. Zwar trennten ihn noch mehr als 800 Meilen von der pazifischen Küste, aber er hatte den Weg eröffnet. Mehr als ein Jahrzehnt dauerte es noch, ehe die Wagen zu Hunderten und Tausenden nach Westen rollten.«

Monaghan, J., The Book of American West, Seite 105f

Folgende Doppelseite Meterhohe »Sagnara«-Kakteen im Tal des Marble-Canyons, Arizona

Ohne Lösung des Transportproblems ist die

Erschließung von Neuland nicht möglich. In einem Landgebiet, in dem Wasser und natürliche Nahrungsquellen knapp, Hindernisse groß und Entfernungen gewaltig sind, war das Transportproblem von Anfang an das größte aller Probleme. Bevor die Weißen den Kontinent betraten und das Pferd und das Rad mitbrachten, waren Hunde die einzigen Haustiere, die Lasten tragen oder schleppen konnten. Das »Travois« mit seinen zwei langen Bodenschleppstangen auf dem Lasten befestigt werden konnten, war das einzige Landtransportmittel der Indianer, auf den Wasserwegen waren es das Birkenrindenkanu, der Einbaum und das Häuteboot, mit dem nicht allzu große Entfernungen sicher zurückgelegt werden konnten. Die Reichweite der Hunde war so begrenzt, daß die wasserarmen und baumlosen Steppen, Plains und Prärien jahrtausendelang vollkommen unbewohnt blieben. Erst das Pferd versetzte die Indianer in die Lage, weite Entfernungen schneller zurücklegen zu können. Von nun an vollzog sich die Nutzung der Steppengebiete durch Reiterstämme mit atemberaubender Geschwindigkeit. Lastentransportmittel waren das Pferd und das Maultier. Maultier-Packkarawanen bildeten in der Hauptsache die Transportmittel der Trapper und Mountain-Men. Ihnen folgten die Karren-Karawanen der leichten »Pembina-Buggys«, die schon als »Carretas« von den spanischen Nachschubspediteuren der Kolonialära benutzt wurden, um die weit nach Norden vorgeschobenen Kolonien mit Waren zu versorgen und die Produkte dieser Kolonien ins Mutterland Mexiko zu bringen. Mit diesen »Carretas« wurde alles Material nach Kalifornien geschafft, das der schweizerische Abenteurer Johann August Sutter 1838 für die Gründung seines »Königreiches Neu-Helvetia« benötigte.

Hatten Maultier-Packkarawanen und Pembina-Buggys noch vollkommen ausgereicht, die Bedarfs- und Pelzladungen der Trapper und Mountain-Men über weite Strecken zu transportieren, und reichten sie auch noch aus, um in den Anfängen des Goldrausches in Kalifornien die wenigen Gebrauchsgüter der frühen Golddigger zu transportieren, so wurden mit der Versorgung von immer mehr Menschen diese Transportmittel immer unzureichender. Die großen Entfernungen, die bei der Durchquerung des Kontinents zurückzulegen waren, erforderten die Mitnahme erheblicher Mengen an Vorräten und Ausrüstung. Dies führte zur Verwendung immer neuerer und verbesserter Transportmittel.

Der stabilste Wagen, der zu jener Zeit für schweres Gelände gebaut wurde, stammte von holländischen Siedlern, die sich im Conestoga-Tal in Pennsylvania niedergelassen hatten. Ihre traditionellen »Palatine«-Karren hatten sie durch einen Geländewagen mit vier Rädern ersetzt, der selbst rauhestem Gelände gewachsen war: Die Räder besaßen eine typische Speichenwölbung nach innen (sogenannte »Untertassenräder«), und die vorderen Räder waren um 2 Fuß im Durchmesser kleiner als die hinteren. Der Wagenkasten war bootsartig geformt, mit leicht aufragendem Heck und Bug, so daß in schwerem Gelände die Ladung eine Rutschtendenz nach innen und nicht nach Bug und Heck zeigte. Das Verdeck bestand aus schwerem, gummiertem Drillichleinen, das über starke eiserne Spannbogen gezogen wurde und — über den Wagenkastenrand ragend — durch Ösen und Kastenhaken wasserdicht am Kasten befestigt wurde. Als die Neuengländer diesen »Conestoga«-Wagen erstmals mit seinem bootsartigen Kasten und schneeweißem segelartig gewölbtem Verdeck sahen, nannten sie das Gefährt in Erinnerung an den kleinen Küstensegler der Osthäfen »Prärie-Schoner«.
Dieser Prärie-Schoner war der vorwiegend auf dem Santa Fe Trail bevorzugte Frachtwagen. Er wurde von einem Zweier-oder Vierergespann gezogen und die 12 cm dicken Hartholzwände, die mit dem äußerst stabilen Hartholzrahmen durch solide, fingerdicke Eisennieten verbunden waren, hielten jedem Indianerangriff stand.

Auf dem Höhepunkt der Wagentrecks hatten sich Regeln für die Zusammenstellung eines solchen Trecks eingespielt, die sich als vorteilhaft erwiesen: Ein Treck sollte ungefähr aus 30 Wagen bestehen, und jeder von einem erfahrenen Kutscher gelenkt werden. Bei normaler Beladung zogen zwei bis drei Pferde-oder Maultiergespanne den Wagen, später häufig auch Ochsengespanne. Als Treckführer wurden wegekundige Trapper und Mountain-Men verpflichtet. Der günstigste Monat für den Fahrtbeginn war der Mai, wenn das Präriegras bereits eine Höhe erreicht hatte, die als Futter für Pferde und Vieh gut geeignet war. Jeder Besitzer eines Wagens war verpflichtet, einen bestimmten Mindestvorrat an Lebensmitteln mitzuführen: 1 Faß Mehl, 200 Pfund Speck, 150 Pfund Bohnen, 25 Pfund Kaffee, 50 Pfund Trockenfrüchte, 80 Pfund Zucker, 20 Pfund Salz. Dazu kamen: 2 Wolldecken pro Person, 2 Paar Stiefel pro Person, 1 gegerbte Rindshaut (für Lederreparaturen), 2 innen geteerte, außen verpechte Wasserfässer. Pro erwachsene Person wurde folgende Bewaffnung verlangt: 1 schwere Büchse, 1 Revolver, 100 Pfund Pulver, 100 Pfund Gewehrkugeln, 60 Pfund Revolverkugeln, 1000 Zündhütchen, 1 Bowiemesser. Das übliche Werkzeug — Spaten, Hacken, Sägen, Feilen, Beile, Äxte, etc., sowie Kochutensilien wie transportable Öfen, gußeiserne Pfannen und Töpfe fehlten in keinem Wagen. Wichtig waren Petroleumlampen und etwa 50 Liter »Steinöl« (wie Petroleum damals genannt wurde), Kernseifenbarren, Waschzuber, Waschbrett, Wingroller, Seile, Leinen, Schnüre, Ersatzteile für Wagen und Geschirr (Deichsel, Achse, Rad, Speichen, Lederriemen, Nieten, Pechdraht). Raucher nahmen Tabakballen und Kautabakrollen mit, Bauern, die siedeln wollten, Pflugscharen,

Goldsucher Waschpfannen. Viele führten wasserdichte Matratzen, Leinentücher und Konserven, aber auch Medikamente mit.

Ein Wagenmeister wurde mit einfacher Mehrheit gewählt. Er bestimmte die Wagenfolge des Zuges und mit dem Treckführer zusammen den Lagerplatz. Meistens nahm jeder Treck auch Rinder und Milchkühe mit, damit man unterwegs frische Milch für die Kinder hatte und auch Butter und Käse machen konnte.

In der Regel bewegte sich der Treck in einer Linie, das heißt, die Wagen fuhren hintereinander. Reservepferde und Maultiere wurden an lange Leinen angebunden. Kinder blieben in den Wagen, die Frauen ritten, und die Männer gingen meistens zu Fuß. Ein Teil der Männer ritt als Voraustrupp, ein anderer bildete die Nachhut, ein dritter Teil flankierte den Wagenzug.

Ein solcher Zug setzte sich meistens gegen 7 Uhr früh in Bewegung und hielt während der Mittagszeit, wenn die Sonne am höchsten stand, etwa 4 Stunden an. Am Nachmittag wurde die Reise dann bis zum Einbruch der Dunkelheit fortgesetzt.

Ein eisernes Gebot der erfahrenen Treckführer besagte, daß man solange nicht von mitgenommenen Vorräten zehren durfte, wie die Natur Nahrung hergab. Deshalb wurden schon in den ersten Tagen gute Schützen von erfahrenen Jägern in der berittenen Jagd ausgebildet. Man schoß Büffel, Antilopen, Truthühner, Wildgänse, Wildenten und Präriehühner. In den Flüssen fischte man Katzenwelse und Forellen. Die Frauen wurden zum Sammeln von Beeren, Wildfrüchten und Wildgemüse-Arten angehalten.

Wurde ein Lager bezogen, stellte man die Wagen zu einer Wagenburg kreuzförmig oder elliptisch zusammen. Alle Tiere des Trecks hielt man in kleinen, seilumspannten Flächen innerhalb der Wagenburg zusammen. Je nach Größe des Trecks unterhielt man mehrere Feuer, die in der Prärie in Ermangelung von Holz mit sonnengetrockneten Büffelfladen brennend gehalten wurden. Etwa 15 Meilen (ca. 24 km) legte ein solcher Treck täglich zurück. So wurden ungefähr 2 000 Meilen (3 600 km) in 5 Monaten zurückgelegt. Den Zeitplan einzuhalten war das dringendste Gebot, denn es galt, die letzte Bergbarriere der Sierra Nevada zu überqueren, ehe die schweren Winterschneefälle einsetzten.

Unerwartete Aufenthalte gab es oft: Erschöpfte Tiere mußten Erholungspausen erhalten, Präriebrände erzwangen weite Umwege, den Weg kreuzende Bisonherden, die oft viele tausend Tiere umfaßten, mußte man vorüberziehen lassen. Das größte Problem waren die Flußüberquerungen. Es gab nur wenige seichte Furten und dort häufig gefährliche Treibsandbänke, die Mensch und Tier im Handumdrehen wie mit Geisterhand in die Tiefe zogen. Reißende Flüsse wurden überquert, indem man Flöße baute, die Räder der Wagen abnahm und die Wagenkästen darauf stellte. Man befestigte auch an den Seiten der Wagenkästen frisch gefällte Baumstämme (in den Flußniederungen der Prärie gab es haushohe Cottonwood-Bäume). Dennoch kosteten diese Flußübergänge das Leben vieler Tiere und Menschen.

Tod und Krankheit waren ständige Begleiter dieser Wagentrecks; Auseinandersetzungen mit Indianern waren hierbei noch die geringste aller Ursachen. Unfälle passierten verhältnismäßig oft, beispielsweise, daß jemand unter ein Wagenrad geriet, oder von ausschlagenden Pferden verletzt wurde. Auch Unfälle im Umgang mit Feuerwaffen führten zu schweren Verletzungen und Tod. Bisse von Klapperschlangen, Skorpionen und Spinnen, schwere Verletzungen durch Kakteendornen, auch Angriffe von Pumas oder Unfälle bei der Bisonjagd waren nicht selten. Verletzungen waren wegen der Infektionsgefahr immer gefährlich. Krankheiten wie Blinddarmentzündungen oder Lungenentzündungen bedeuteten höchste Lebensgefahr. Besonders viele Opfer forderten Cholera- und Typhusepidemien, aber auch andere ansteckende Krankheiten, die in einen Treck eingeschleppt wurden (Scharlach und Diphtherie), führten zu schweren Verlusten, besonders unter Kindern. Während der Reise gab es viele Geburten, nahezu jedes zweite Kind starb. Auch die Müttersterblichkeit erreichte eine Rate von 15 bis 25 Prozent. Zahnerkrankungen führten häufig zu schwerwiegenden Kiefervereiterungen. Aber auch Naturgewalten (Stürme, Wolkenbrüche, Gewitter) forderten Opfer.

War ein Treck durch eine ungünstige Aneinanderreihung von unfreiwilligen Aufenthalten in Zeitnot geraten, so mußten die letzten Wegestrecken — einige hundert Meilen — die durch die schwer begehbare Wüste von Nevada führte, im Eiltempo genommen werden. Mancher Mensch hielt diese ungewöhnlichen Strapazen nicht aus und starb an Entkräftung.

Viele Westwanderer führten sorgfältig Tagebuch, manche fertigten Zeichnungen an, manche schleppten unhandliche Kameraausrüstungen, Kisten voller Glasplatten und Chemikalien mit.

In den Jahren starker Westwanderung (1850—1870) gab es Perioden, in denen von einer »Aneinanderreihung von zahlreichen Trecks zu einer endlosen Kette von Wagen, von Horizont zu Horizont« berichtet wird.

Ein großer Teil der Trecks bestand aus reinen Gütertransporten, bei denen schwere »Murphywagen«, deren Wagenwände 4 m hoch waren und deren Räder einen Durchmesser von 2,50 m hatten, Verwendung fanden, und die von einem Gespann aus zehn Ochsen gezogen wurden. Die Fahrer und Gespanntreiber solcher Trecks galten als die härtesten Burschen des Westens, die mit der langen Bullpeitsche tödliche Duelle gegeneinander ausfochten.

Je mehr Westwanderer sich in den neuen »Ballungsgebieten« niederließen — es wurden Jahr für Jahr Hunderttausende mehr, umso dringender wurde das Transportproblem. Obwohl an den beiden Küsten des Atlantiks und Pazifiks sämtliche verfügbaren Überseeschiffe im Einsatz waren, wurde der Bedarf immer größer. Die Landenge von Panama, wo man eine Eisenbahnlinie vom Atlantik zum Pazifik baute, bot nur für wenige Jahre Entlastung durch den erheblich kürzeren Transportweg.

Die kurioseste Transport-Lösung schlug im Frühjahr 1853 der schwäbische Bootsmann eines deutschen Auswandererschiffs vor. Johan Georg Armbruster aus Heilbronn, der 1852 erlebt hatte, wie in den Plains eine ständige »steife Brise« wehte, baute — wahrscheinlich den ersten — »Windwagen«, der mit einem

Segel ausgestattet war. Doch der Wagen war zu leicht und der Wind zu stark. Sein Landsmann, Heinrich Sager, baute einen 4×8 m langen Wagen mit einem regelrechten Bootsdeck und einem 7 m hohen Segel. Auch er scheiterte. Aber um 1860 gelang es Samuel Peppard die gesamte Kansas Prärie mit einem solchen Windwagen bis 50 Meilen vor Denver (Colorado), zu durchqueren und dabei mehr als 50 Meilen pro Tag zurückzulegen, wobei er 625 gespanngezogene Prärieschoner »zügig überholte«. Andere Windwagen erreichten tatsächlich Denver — aber diese Unternehmungen blieben Kuriositäten.

Die Probleme des Nahbereich-Transports wurden verhältnismäßig rasch gelöst. Für diesen Bereich reichten die zeitgemäßen Möglichkeiten (Maultier-Packkarawanen im Gebirge, leichte Frachtwagen im schwierigen, schwere Frachtwagen im leichten Gelände) aus, obwohl sie bis an die äußerste Grenze der Leistungsfähigkeit ausgelastet waren.

Auch der Personentransport im Nahbereich war nicht sonderlich problematisch: Postkutschenlinien mit Stationen für Pferdewechsel, Ruhepausen und Essen hatten sich schnell etabliert. Sie verbanden die größten Siedlungen des kalifornischen Mother-Lode mit der Küste und mit den Boom-Städten des Comstock-Lode. Sie bestanden in den Montana-Goldfeldern und im Colorado-Silber-Gebiet und waren teilweise nach dem Prinzip des permanenten Kreisverkehrs eingerichtet.

Auch gute Kutschen waren in Gebrauch. Von allen Passagierkutschen verschiedenster Hersteller hatte sich die von der Abbot-Downing & Co. in Concord, New Hampshire, gefertigte »Concord-Kutsche« als die praktischste erwiesen. Zahlreiche dieser Gefährte rollten in den Atlantikstaaten und erfreuten sich größter Beliebtheit. Westlich des Mississippi wurden sie um 1820 eingeführt. Linien mit regelmäßigem Passagierverkehr verbanden die Städte am Mississippi mit St. Louis am Missouri. Um 1840 rollten Concord-Kutschen nach Iowa und um 1850 von Independence am Missouri nach Santa Fe in New Mexico. Auch in Texas bestanden Linien, die von der Golfküste bis in die Randbezirke der Besiedlung in Osttexas verkehrten, Postkutschen verbanden das Williamette Valley in Oregon mit der Pazifikküste, und von Santa Fe fuhren Concord-Kutschen nach Norden in die Colorado-Minenfelder.

Postkutschen-Erfahrungen wurden bald im täglichen Betriebsablauf verwertet: Alle 15 Meilen gab es eine kleine Relais-Station, alle 30 Meilen eine größere mit Gasthaus und Laden. Eine Postkutsche wog etwa eine Tonne und wurde in leichtem Gelände von zwei, in schwerem Gelände von drei Doppelgespannen gezogen. Die Kutscher, die mit einer Unzahl von Schwierigkeiten fertig werden mußten, genossen bald legendären Ruhm und wurden hochbezahlt. Ihre Messenger (schwerbewaffnete Scharfschützen als Begleiter) waren häufig ehemalige Trapper und Mountain-Men, die vom Bock oder Dach einer mit Höchstgeschwindigkeit dahinrasenden Kutsche bemerkenswert genaue Schüsse aus ihren Waffen abgaben. Die Hauptwaffe dieser Begleiter war die Schrotflinte mit abgesägten Mündungen, aus denen gewaltige Buckshot-Ladungen (pro Ladung 12 Bleikugeln, 9 mm) mit großer Streuwirkung verschossen wurden. Es war beinahe

unmöglich auf Nahentfernungen mit solchen Ladungen an einem Angreifer vorbeizuschießen.
Da aber auch die meisten Passagiere Waffen trugen und mit ihnen umzugehen verstanden, war ein Überfall — sowohl für Indianer wie für Banditen — eine recht riskante Angelegenheit, sofern man nicht gleich zu Beginn des Angriffs die Pferde abschoß.

Die wichtigste Aufgabe der Postkutschen bestand in der Beförderung der Post. 1851 richteten Absalom Woodward & George Chorpenning den ersten Post-Kurierdienst zwischen Sacramento und Salt Lake City ein. 30 Tage war ein Brief unterwegs. Samuel H. Woodson brachte dann mit einem Kurierdienst die Post von Salt Lake City nach Independence am Missouri, dies dauerte wieder 30 Tage. Zwei Monate Zustellzeit also von Sacramento bis Independence — das war eine lange Zeit, aber immerhin 3 Monate kürzer als die normale Beförderung mit Wagentrecks. 1857 richtete James Birch einen Kurierdienst zwischen San Antonio, Texas, und San Diego, Kalifornien, ein. Ihn verrichteten Postwagen mit Maultiergespannen, weshalb dieser Postdienst »Jackass-Mail« (»Dummkopf-Post«) genannt wurde.

1858 befuhr die »Butterfield Overland Mail Company« in Verbindung mit der Wells, Fargo & Co. die 2795 Meilen (4472 km) lange Postkutschenlinie von St. Louis nach San Francisco über die sogenannte »Ox Bow Route«: St. Louis— Fort Smith, Arkansas, — El Paso, Texas, — Tucson, Arizona, — Fort Yuma — Los Angeles — San Francisco.

Mit diesem ersten gigantischen Projekt, das an Anschaffungskosten mehr als 1 Million Dollar verschlang, begann eine Ära in der der Begriff »Zeit« eine wesentliche Rolle spielte. Zum ersten Mal erschien der Slogan »Time is Money« (»Zeit ist Geld«) offiziell an der New Yorker Börse. Man verdiente Geld, indem man Gold suchte, Waren verkaufte, Dienstleistungen vergab, Boden bebaute, Städte gründete. Jetzt wurde Geld auch durch Zeitersparnis gemacht. Die Jungfernfahrt startete am 16. September 1858 von St. Louis und erreichte San Francisco nach 23 Tagen, 23 Stunden und 30 Minuten. Die Fahrt wurde rund um die Uhr fortgesetzt und an den 139 Stationen nur durch Gespannwechsel unterbrochen. Mehr als 2000 Pferde und 1000 Mann Personal, 100 Kutschen und 139 Stationen mit Ställen und Wasserbrunnen und Befestigungen, Handelsgeschäften und Restaurants sorgten dafür, daß der normale 25-Tage-Reiserhythmus eingehalten werden konnte. Schon 1860 transportierte die Überlandkutschenlinie mehr Post als der gesamte Schiffsverkehr von Küste zu Küste. Damit war eine leistungsfähige Verbindung von der Ost-zur Westküste geschaffen.

Die einfache Passage kostete 200 Dollar, eine Stationsmahlzeit 1 Dollar. Dem Passagier wurde folgende Ausrüstung empfohlen: 1 Sharpsbüchse und 100 Patronen, 1 Colt Modell Navy Revolver, 2 Pfund Bleikugeln, 1 Pfund Schwarzpulver, 500 Zündhütchen, 1 Flasche Waffenöl, 1 Dose Waffenfett, 1 Messer mit Scheide, 1 Paar schwere Stiefel und 1 Wollhose, 6 Paar Wollsocken, 6 Unterhemden, 3 Wolloberhemden, 1 breitrandiger Hut, 1 Mantel, 1 Soldatenwintermantel, 2 Paar Wolldecken im Sommer, 3 Paar im Winter, 1 wasserdichtes

Gummituch, ein paar Handschuhe, 2 Jacken, 1 Beutel mit Nähutensilien, 1 Beutel mit Waschzeug, 3—4 Handtücher.

Die Concord-Kutsche hatte 4 komfortable Sitzplätze — auch 6 Personen fanden Platz. 600 Pfund Gepäck konnte geladen werden. Jeder Passagier durfte 40 Pfund Gepäck mitführen.

Am 3. April 1860 schickte die Transportfirma Russell, Majors & Waddell den ersten Pony Expreß-Reiter von St. Joseph, Missouri, auf den Weg. Die 1966 Meilen (3146 km) bis San Francisco wurden wöchentlich einmal (von beiden Seiten startend) in 10 Tagen geschafft. 190 Stationen mit 500 frischen Rennpferden, die von 200 Hilfskräften betreut wurden, dienten 80 jugendlichen Pony Expreß-Reitern als Relaisstationen. Am 13. April 1860 um 14.30 Uhr kam der erste Reiter aus St. Joseph in Placerville, Kalifornien, an — nach neun Tagen! Ein Pony Expreß-Reiter erhielt für seine mit ungeheuren Strapazen belastete Arbeit, die vielen Gefahren ausgesetzt war, zwischen 100 und 125 Dollar im Monat. Die Männer, die die Stationen betreuten, bekamen 100 Dollar, ihre Gehilfen, die für die Bereitstellung der Pferde verantwortlich waren, 50 Dollar. Mit dem Spezialsattel der Postreiter konnten ungefähr 20 Pfund Post befördert werden. Zunächst verwendete man normale Sättel, über die die „Mochila“, eine Lederdecke mit vier großen aufgenähten Posttaschen, gelegt wurde. Diese Mochila hatte Aussparungen für die Sattellehne und das Sattelhorn, so daß sie mit einem Griff aufzulegen und abzunehmen war. Schließlich wurden regelrechte Mochila-Sättel verwendet, bei denen die Mochila fest mit dem Lederüberzug verbunden war. Der Begriff »Mochila« kommt aus dem Spanischen und war die Bezeichnung für einen ledernen Sattelbaumüberzug, mit dem der spanisch-mexikanische Holzsattel überzogen und vor dem Sattelhorn mit zwei Lederriemen zusammengebunden war.

Um auch beim Aufsitzen Zeit zu gewinnen, bedienten sich die Pony Expreß-Reiter einer besonderen Aufsitz-Technik, des Pony-Expreß-Sprungs. Damit wurde das fliegende Aufsitzen in den Sattel bezeichnet, bei dem der Reiter nicht einen Steigbügel als Tritt benutzte, sondern beide Hände unter das Sattelhorn legte, das Pferd zum Galopp anfeuerte und im Anrennen plötzlich beide Beine winklig nach vorne stemmte. Sobald die Füße den Boden berührten, werden die Beine schwungartig zurück und hoch über den Sattel gewirbelt. Im Herunterfallen landete der Reiter sicher auf dem Sattel, während das Pferd schon im vollsten Galopp läuft.

Der »St. Joseph Weekly West« veröffentlichte am 3. 4. 1860 folgenden Plan:

St. Joseph-Marysville	12 Std.
Fort Kearney	34 Std.
Fort Laramie	80 Std.
Fort Bridger	108 Std.
Great Salt Lake	124 Std.
Camp Floyd	128 Std.
Carson City	188 Std.

Placerville	226 Std.
Sacramento	234 Std.
San Francisco	240 Std.

Die begeisterten Amerikaner zahlten mit Vergnügen 5 Dollar für einen Brief (Höchstgewicht 1 Unze = 28,35 Gramm). Als der Pony-Expreß am 22. 10. 1861 (wegen des Bürgerkrieges) eingestellt wurde, war während seiner ganzen Existenz nur ein einziger Postsack abhanden gekommen. Es gab nur wenige Behinderungen — aber die Presse war voll von haarsträubenden Schreckensgeschichten und von Heldentaten, die vollbracht werden mußten, um die Post durchzubringen. Und die gefeierten jugendlichen Reiter ließen sich nur zu gern hochleben und zu Helden der Nation hochstilisieren.
Mark Twain beschreibt den Eindruck beim Auftauchen eines dahinrasenden Pony Expreß-Reiters aus einer Postkutsche in seinem Werk »Roughing it«: »Da kommt er! ruft der Kutscher, und jeder Nacken streckt sich, jedes Auge wird wachsam. Irgendwo hinten am Horizont der endlosen Prärie taucht gegen den Hintergrund des klaren Himmels ein kleiner dunkler Fleck auf. Innerhalb von wenigen Sekunden erkennt man ein Pferd und einen Reiter, die sich im welligen Grasmeer heben und senken, auftauchen und wieder untertauchen, immer näher, immer größer werdend, immer klarer zu erkennen, und näher und noch näher und noch näher, und das Trommeln des Hufschlags wird hörbar, lauter, noch lauter — man erkennt ein hartes, junges Gesicht, wilde wasserblaue Augen, im nächsten Augenblick ist er da, ein wilder, jauchzender Schrei, lautes Halloo vom Kutschbock herunter, und der Reiter ist vorbei. Das Donnern der Hufe wird leiser, verstummt, der Reiter wird kleiner, taucht auf, jagt über die Wellenkämme, wird noch kleiner, verschwimmt zum schwarzen Fleck und ist dahin, wie ein vom Sturm nach Westen gewehtes Blatt.«

Während die Pony Expreß-Reiter den Kontinent in einem permanenten wöchentlichen Rennen durcheilten, begannen die Western Union Telegraph Company die gleiche Route mit Telegraphenmasten zu bestücken. Am 24. 10. 1861 war die Telegraphenverbindung zwischen Ost und West komplett.

Die Pferde erschlossen den an den Randgebieten der Prärie lebenden Indianern die unendlichen Weiten der Steppen. Analog zur Verbreitung des Pferdes begann der Einzug der Indianerstämme vom Süden nach Norden in die Plains. Südliche Plains: Comanchen, Osage, Kansa, Missouri, Wichita, Caddo. Mittlere Plains: Cheyenne, Arapahoe, Atsina, Piegan, Blackfeet, Mandan, Arikara, Pawnee. Nördliche Plains: Sioux, Crow, Assiniboin, Cree. Vor allem die Comanchen entdeckten die Qualität des Pferdes als Bewegungsmittel und in Kämpfen und wandten raffinierte Zähmungsmethoden an

Ein Chippewa-Indianer lockt mit dem Horn das Wild. Der Algonkinstamm der Chippewas bewohnte die Gebiete nördlich und südlich des Michigan- und Huron-Sees in Kanada, Wisconsin und Montana. Sie lebten vor allem vom Fischfang und von der Jagd. Der Pelzhandel mit Franzosen und Engländern verschaffte ihnen früh Feuerwaffen. So bewaffnet trieben sie die Sioux nach Süden und Westen. Da die Weißen ihre unfruchtbaren Gebiete umgingen, erhielten sich viele Unterstämme, die heute noch in verschiedenen Reservationen leben

Mexikanischer Carreta. Ein zweirädriger Wagen, dessen Räder mit einem Durchmesser bis 1,2 m aus massivem Holz bestanden. Auf der Achse befand sich ein Kasten aus massiven Brettern oder ein kastenähnliches Holzgestell. An die Deichsel wurden zwei Ochsen geschirrt. In der Frühzeit der Rinderzucht wurde der Carreta von mexikanischen Viehzüchtern, zwischen 1830 und 1860 auch von amerikanischen Ranchern des Südwestens und lange nachher noch von den Indianern benutzt

Conestoga-Wagen. Dieser »Prärieschoner« wurde für Frachtfahrten nach dem Westen verwendet

Mandan-Indianerinnen mit »Bull Boats«, waschschüsselartigen Booten aus Weidengeflecht und darüber gezogenen Häuten

Auf dem Weg durch die Panama-Sümpfe wurden etwa 20 % der Goldsucher vom Gelbfieber dahingerafft

Nachdem eine Eisenbahnlinie vom Atlantik zum Pazifik gebaut worden war, wurden Ozeanschiffe per Eisenbahn über die Landenge von Panama transportiert

Eine ständige Gefahr waren Brände auf den Mississippi-Missouri-Dampfern

Der erste Windwagen, mit dem versucht wurde, die großen Entfernungen in den Prärien zu überwinden

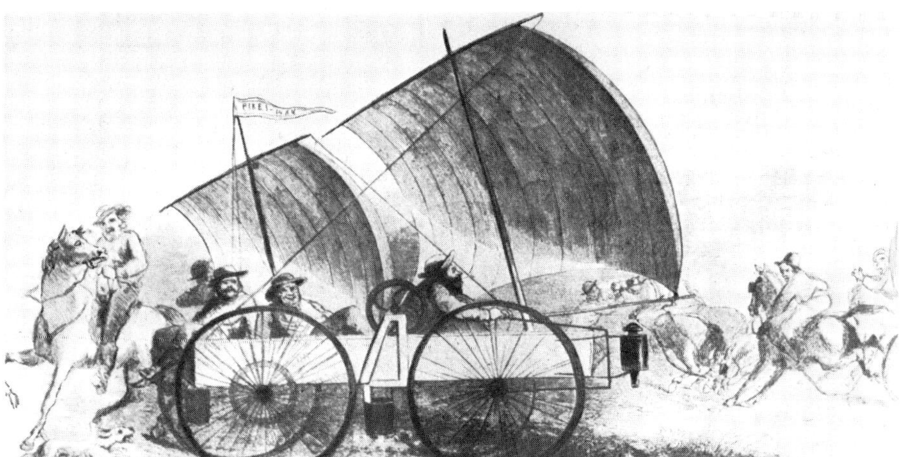

Der erste Nachschubtransport in die Black Hills

»Big Ben Holloway«, der »Monarch des Wilden Westens«, der »König der Postkutschen«. Zuerst saß er selbst auf dem Kutschbock und schoß sich den Weg von Osten nach Westen frei. Sein Transport-Imperium umfaßte Postkutschen, Eisenbahnen und Ozeandampfer. Er starb in Armut und Vergessenheit. Seine Pionierleistungen aber brachten anderen großen Reichtum

Links Mike Holloways Rast- und Pferdewechsel-Station der Überlandkutschen von Fort Smith nach Sherman, Texas

PLAZA

OVERLAND MAIL ROUTE
TO CALIFORNIA.
Through in Six Days to Sacramento!
CONNECTING WITH THE DAILY STAGES
To all the Interior Mining Towns in Northern California and Southern Oregon.
Ticketed through from PORTLAND, by the
OREGON LINE OF STAGE COACHES!
And the Rail Road from Oroville to Sacramento.
Passing through Oregon City, Salem, Albany, Corvallis, Eugene City, Oakland, Winchester, Roseburg, Canyonville, Jacksonville, and in California— Yreka, Trinity Centre, Shasta, Red Bluff, Tehama, Chico, Oroville, Marysville to SACRAMENTO.
TRAVELERS AVOID RISK of OCEAN TRAVEL
Stages stop over one night at JACKSONVILLE and YREKA, for passengers to rest. Passengers will be permitted to lay over at any point, and resume their seats at pleasure, any time within one month.
FARE THROUGH, FIFTY DOLLARS.
Ticket Office at Arrigoni's Hotel, Portland.
H. W. CORBETT & Co.,

Links Postkutschenstation in Santa Fe

Links außen Plakat der Überlandpostkutsche nach Sacramento, Kalifornien

Links Harry L. Roff, der erste Pony Expreß-Reiter, der im Alter von 15 Jahren von Sacramento nach Osten ritt. Foto 1913

Pony Expreß-Reiter. 1860 wurde die erste Route vom Missouri nach Kalifornien eröffnet. Der Ritt über 3120 km von St. Joseph nach Sacramento dauerte durchschnittlich 10 Tage. 500 Pferde und 156 Zwischenstationen standen zur Verfügung

Pony Expreß-Gedenktafel. Errichtet am Oregon Trail, 4 Meilen östlich von Fort McPherson, Lincoln County, Nebraska. 1860 wurde der erste Eilpost-Verkehr vom Missouri nach Kalifornien aufgenommen. Nach 1861 wurden die Telegraphenverbindungen immer weiter ausgebaut, und der Pony Expreß verlor an Bedeutung

Rechts oben Pony Expreß-Reiter 1860

Rechts Mitte Alle notwendigen Güter wurden mühsam mit Frachtwagenkolonnen nach Nevada gebracht. Mit Zehnergespannen wurden Wüsten durchquert und Berge überwunden

Rechts unten Frachtwagenzug mit 14er-Pferdegespann. Zwei Wagen wurden aneinandergekoppelt. Die Treckführer trinken aus einer fäßchenförmigen Flasche, die 8 Liter faßte

Postkutsche in Old Tucson. Postkutschen für 6—8 Personen (sogenannte »Concord«-Postkutschen) und die größeren, 8—12 Personen Platz bietenden, aber weniger robusten »Crawford House«-Kutschen wurden zum Personentransport eingesetzt. Sie waren so gebaut, daß der Komfort möglichst groß war, viel Gepäck und Post mitgeführt werden konnte, und die Geländeanforderungen möglichst gut zu bewältigen waren. In unsicheren Gegenden saß ein Scharfschütze neben dem Fahrer. Die Postkutschenstationen waren 8—12 Meilen voneinander entfernt, in ihnen wurden die Pferde gewechselt, Reparaturen ausgeführt und Rast gehalten

Die Transkontinental-Eisenbahnlinien

»Es werden immer mehr Wagen und Stationen.
Um die Stationen entstehen Ansiedlungen. Da diese Leute leben müssen, nehmen sie Land in Besitz und züchten Frucht und Rinder darauf. Damit die Büffel ihre Felder nicht zerstören, töten sie sie zu Tausenden, ohne das Fleisch zu verwenden. Ich verstehe diese Leute gut. Sie wollen leben, sie müssen leben und sie sollen auch leben. Ich verstehe auch, daß die Armee sie nicht einfach vertreiben kann. Wir können das auch nicht. Aber unser Lebensraum wird immer kleiner. Die Straßen zerschneiden diesen Raum in immer kleinere Stücke, und die Büffel wandern andere Wege.«
White Antelope an einen Indianeragenten 1854

Folgende Doppelseite Diese Brücke der Northern Pacific-Eisenbahn wurde in nicht ganz drei Wochen erbaut. Sie ist 1300 m lang und 80 m hoch

Das Dampfmaschinenzeitalter begann in den USA, sobald in England die ersten Erfindungen dazu gemacht worden waren. 1825 wurde die erste funktionierende Lokomotive der amerikanischen Öffentlichkeit vorgestellt. 1828 begann die Baltimore & Ohio Railroad mit einer Schienenlänge von 606 Kilometern den planmäßigen Fahrbetrieb. 1829 fuhr der erste Kohlen-Güterzug auf der Strecke Carbondale-Honesdale, 1830 wird Charleston an das Eisenbahnnetz angeschlossen und der Abgeordnete Daniel Webster fordert im Kongreß eine Transkontinental-Eisenbahnlinie, die den Atlantik mit dem Pazifik verbinden sollte. 1832 stellt die West Point Foundry Lokomotive Experiment einen Geschwindigkeitsrekord auf: 128 Stundenkilometer! 1835 gibt es in den US-Oststaaten 200 Eisenbahnlinien in 11 Staaten, allein von der Charleston & Hamburg Linie werden vom 1. 1. bis 30. 6. 1835 insgesamt 15 950 Fahrgäste befördert.

Im gleichen Jahr fuhr die Eisenbahn von Nürnberg nach Fürth. Geschwindigkeit: 18 Stundenkilometer.

1837 wurden in den Vereinigten Staaten die ersten Schlafwagen in Dienst gestellt, 1840 gab es 4 800 km Schienenstrang, 1842 waren es 6 200 km, 1850 14 400 km und 1860, im Jahr der Eröffnung des Pony Expreß waren es 48 000 km.

Als 1861 der Bürgerkrieg ausbrach, spielte das Nachschubnetz der Eisenbahnen eine dominierende und schließlich kriegsentscheidende Rolle. Der industrialisierte Norden besaß alle Lokomotiv- und Wagenfabriken, alle Schienen und Zubehör-Herstellungsstätten, während der Süden nur mit Vorhandenem improvisieren konnte. Der US-Eisenbahngeneral Grenville Dodge, dem man im Süden neidvoll nachsagte, daß er seine »Tunnels gleich mitbringe«, entwickelte den provisorischen Bau von Schienenstrecken zur technischen Vollkommenheit. Seine irischen und bayerischen Schienenlegerkolonnen waren darauf gedrillt, 10 Meilen Schienenstrang innerhalb von 24 Stunden zu verlegen. Als der Bürgerkrieg 1865 zu Ende ging, waren die US-Staaten östlich des Missouri mit einem Schienennetz von 67 000 km spinnennetzartig erschlossen. 1845 war der Abgeordnete Asa Whitney im Repräsentantenhaus noch verlacht worden, wie 1830 Senator Webster im Senat, als er dringend empfahl, eine Transkontinental-Eisenbahn zu bauen. 20 Jahre später lachte niemand mehr.

1862 unterzeichnete Präsident Lincoln den Transkontinental-Eisenbahnvertrag, der auf einem ebenso simplen wie genialen Patentrezept beruhte: Die US-Regierung verschenkte an die Eisenbahnbaugesellschaften für jede Meile Schienenstrang einen Landstreifen von 20 Meilen beiderseits des Bahndamms, also pro Meile Bahnlinie 40 Quadratmeilen (10,24 Quadratkilometer). Zusätzlich subventionierte sie den Bau mit Aktien im Werte von 32 000 Dollar pro Meile im Hügelland und 48 000 Dollar pro Meile im Gebirge. Die kalkulierten Baukosten betrugen pro Meile etwa 20 000 Dollar, so daß die Gesellschaften allein schon aus der Subvention einen Gewinn verbuchen konnten und zusätzlich noch die enormen Profite aus Verkauf und Verpachtung der Landschenkungen und aus Konzessionen für Hotels, Spielhallen, Tanzhallen, Saloons, Ladengeschäfte und Fabrikationsbetriebe in den Städten, die am Rand des Schienenstrangs erbaut wurden, einstreichen konnte.

Das Land, das die Regierung verschenkte, war Indianerland, das in zahllosen Verträgen »auf ewige Zeiten, solange Gras wächst und Wasser fließt« den Indianern zugesagt worden war. Aber die Juristen interpretierten alle diese Verträge von vornherein als »unverbindliche Nutzungsrechtszusagen mit jederzeitiger formloser Kündigung, sobald die Regierung selbst eine Nutzung vornehmen möchte«. Mit einem Federstrich waren vertragliche Zusicherungen, die den Indianern gemacht wurden, hinfällig. Überdies hatte man auch noch beschlossen, daß die Indianer, die »nicht in Reservationen leben« von den USA als »Mündel« im Sinne der Gesetzgebung und Rechtsprechung zu betrachten seien, daß heißt, die USA war der Vormund der Indianer, dem allein das Recht zustand, die »Geschäfte ihrer Mündel zu führen und die Nutznießung aus diesen Geschäften nach Gutdünken vorzunehmen«.

Damit waren die gesetzlichen und rechtlichen Voraussetzungen für das, was die Indianer schlichtweg Landraub nannten, vollkommen erfüllt, und kein Indianer der westlichen Territorien hat je begriffen, was hier auf den vielen »sprechenden Papieren« überhaupt geschah. Praktisch waren damit die Indianer, die nicht bereit waren, in Reservationen als Almosenempfänger ihrer »Vormünder« zu leben, rechtloser als etwa Kriegsgefangene. Und da es eine reine Maßnahme der Willkür war, den Mündelstatus solange juristisch aufrechtzuerhalten, wie dies opportun erschien, blieben die Indianer bis weit ins 20. Jahrhundert hinein rechtlose Mündel nach dem Buchstaben des Gesetzes.

Die Vertragseigenarten der Eisenbahn-Landschenkungen öffneten natürlich eine geradezu phantastische Profitquelle für Unternehmer, die alles an Möglichkeiten in den Schatten stellte, was bisher durch Bergbau oder Holzkahlschlag oder sonstige Ausbeutung der Naturschätze je »gemacht« werden konnte.

Eine Eisenbahnlinie bedeutete nicht nur für alle besiedelten Landstücke des Westens die Verbindung mit dem »Mutterland«, sie bedeutete vor allem raschen und regelmäßigen Nachschub und Verbindung mit den Absatzmärkten für alle Produkte, die man im Westen aus dem Boden holte. Eine Bahnlinie war für die Armee die Möglichkeit, auf schnellstem Weg Regimenter, Waffen und Munition an Krisenorte bringen zu können. Die raschen Überbrückungen von Entfernungen schloß die weiten Gebiete des Westens zusammen. Natur und Wetter spielten für Transporte keine große Rolle mehr, Nachschublieferungen trafen schneller ein.

War eine Anhäufung von Ansiedlungen ausschlaggebend für den Bau von Forts und umgekehrt die Forts Ursachen für Städtebau und Landwirtschaft in ihrer Nähe, waren Überland- und Handelswege mit ihren Intervall-Zielorten die Gewähr dafür, daß der Absatz von Produkten funktionierte, so bildete nun der Bau einer Transkontinental-Eisenbahn eine Hauptschlagader im Westen, in deren näherer und weiterer Umgebung die gesamte Entwicklung eine rasante Beschleunigung erfuhr.

Nach der Gold- und Silberbonanza zeichnete sich nun die Handels- und Gewerbebonanza mit unbegrenzten Möglichkeiten für den ab, der sie zu nutzen verstand.

Die geplante Linie sollte Omaha im Osten mit Sacramento im Westen verbinden, der Bau gleichzeitig in Kalifornien und in Omaha, Nebraska, begonnen werden. Die Baugesellschaft im Westen, die Central Pacific Railroad, wurde offiziell vom Staat Kalifornien beauftragt, die Baugesellschaft im Osten, die Union Pacific Railroad, von der US-Regierung.

Da die Baustrecke der Central Pacific quer durch die Sierra Nevada führte, wo in den zerklüfteten Bergen Tunnels gesprengt und Schluchten mit Brückenkonstruktionen überwunden werden mußten, wurde ihre Baustreckenlänge erheblich kürzer bemessen als die der Union Pacific, die vor sich das flache Land der Prärie und die großen Flußtäler der Rocky Mountains liegen hatte.

Wohl begann man bereits 1863 in Kalifornien mit dem Bau der ersten Meilen Schienenstrang und ein Jahr später in Omaha, Nebraska, aber der Bürgerkrieg befand sich auf dem Höhepunkt und erforderte die ganze nationale und finanzielle Kraft der Nordstaaten. Geld war in Washington knapp geworden. Auch die Finanziers der Central Pacific in Kalifornien und die der Union Pacific in Nebraska hatten größte Schwierigkeiten, die Finanzierung zu bewerkstelligen. 1864 stellte die Central Pacific nach 20 Meilen Schienenstrang den Bau aus Geldmangel ein, 1864/65 verlegte die Union Pacific nur insgesamt 40 Meilen Schienenstrang nach Westen. Erst nach dem gewonnenen Bürgerkrieg, als die Finanzierungen beider Gesellschaften gesichert waren, wurde wirklich zügig mit dem Bau begonnen, aber erst von 1867 an mit Hochdruck gearbeitet. Die US-Regierung hatte den Bahngesellschaften insgesamt 21 Millionen Acres (8,5 Millionen Hektar) Land geschenkt, ein Gebiet größer als die US-Staaten Vermont, Massachusetts und Connecticut zusammengenommen. Von Anfang an wurde der Bau des Union Pacific Schienenstrangs in die Hände demobilisierter Militärs gelegt. Generalmajor Grenville M. Dodge, der als Zivilist die gesamte Bauleitung übernahm, hatte schon im Bürgerkrieg den Armeebahnbau zu unglaublichen Leistungen angetrieben. 1864 stellte man ihn mit dem 11. Kavallerie-Regiment nach Westen ab, um die Landvermessertrupps, die den genauen Verlauf des Schienenstrangs zu vermessen hatten, vor Indianerangriffen zu schützen. Strategisch-militärische Glanzleistungen gründen sich auf ein gerüttelt Maß an Menschenverachtung. Seine Armee-Nachschub-Schienenstränge waren buchstäblich auf den Knochen und Leiden seiner Pioniertrupps erbaut, die er wie Dominosteine in einem Spiel behandelte. Seine Aufgabe, das weite Tal des Platte River vor marodierenden Cheyenne-Arapahoe-Sioux-Indianerangriffen zu bewahren, erfüllte er mit der unerschütterlichen Konsequenz einer Maschine: Als sich die 11. Kavallerie-Einheit im bitterkalten Winter (Durchschnittstemperatur —40 °C, bei ständig hartem Nordwestwind) weigerte, zum Feldzug gegen die Indianer in die Prärie hinauszuziehen, ließ er alle Offiziere kurzerhand in Ketten legen und befehlsverweigernde Soldaten mit Erschießen auf der Stelle bedrohen. Am nächsten Morgen marschierte er mit dem Regiment ab. Innerhalb weniger Tage erfroren 13 Soldaten, mehr als 100 wurden durch Erfrierungen zu Invaliden. Aber das Ziel wurde erreicht: Er scheuchte die in Zeltlagern vergrabenen Indianer auf, die in der Kälte nicht kämpfen konnten, und trieb sie erbarmungslos vor sich her, daß deren Verluste unter Alten, Frauen, Kindern und Kriegern durch Erfrieren und Erfrierungen größer waren, als sie es im Kampf je hätten sein können. Bereits zwei Wochen später gab es im ganzen großen Platte Valley keinen einzigen Indianer mehr. Das geflügelte Wort »Niemand weiß, wo er ist, doch jeder sieht, wo er gewesen ist«, das den ganzen Präriegürtel erfüllte, stammte von Indianern, die solcher Brutalität hilflos gegenüberstanden. Während des ganzen Frühlings und Sommers 1865 führte Dodge seinen Vernichtungskrieg fort, und es war die absolute Rücksichtslosigkeit seinen eigenen Soldaten gegenüber, die die Indianer schließlich mit geradezu panischer Furcht erfüllte, weil sie in ihren Gegnern nichts Menschliches mehr fanden, dem sie sich — auch innerlich — hätten stellen können. Als die Regierung schließlich mit den Plainsstämmen im Herbst Frieden schloß, protestierte Dodge auf das heftigste. Aus Protest schied er aus der Armee aus und übernahm die Bauleitung der Eisenbahnlinie.

Brigade-General John Stephen »Jack« Casement und sein jüngerer Bruder Dan, die man die »Sandwiches« nannte, waren energiegeladene »Zwerge« von 1,52 m (»Jack«) und 1,51 m (Dan) Größe. »Jacks« Lieblingslektüre, die er ständig bei sich führte, war ein Buch über Iwan den Schrecklichen. »Jack« Casement erhielt vertraglich von der Union Pacific Railroad pro Meile Schienenstrang 750 Dollar, was für die Bauzeit eines Abschnitts die phantastische Summe von 850 000 Dollar ergab (in 2½ Jahren).

»Jack Casement — körperlich nur 5 Fuß groß, als Führer von Männern aber 10 Fuß« — brauchte die persönliche Anerkennung von rauhen Männern »mehr als Essen und Trinken«. Er sonnte sich geradezu in Kameraderie und Kumpanentum und hieraus erklärt sich, wie er den »wilden Haufen« irischer Einwanderer, entlassener Nord- und Südstaatenhaudegen, gescheiterter Farmer, desillusionierter Prospektoren, Streuner, Strolche, Trunkenbolde und Schläger zu gewaltigen Leistungen und eiserner Disziplin anspornte: Er ließ dreistöckige Schlafkabinenwagen, Kantinenwagen, Saloonwagen und Bordellwagen bauen, stellte für einen immer größer werdenden Troß von Freuden- und Tanzmädchen, Spielzeltbesitzern, Brandy- und Weinhändlern, Schwitzzelt-, Barbierzelt- und sonstigen Vergnügungsunternehmern einen ganzen Spezialgüterwagenzug zur

Verfügung, der dem Bautrupp folgte. Wo immer sich für eine oder mehrere Wochen ein Union Pacific Railroad-Stützpunkt mit Schwellen- und Materiallagern befand, war auch Casements »Hölle auf Rädern« dabei. Innerhalb weniger Stunden stand eine immer umfangreicher werdende Zeltstadt an diesen »Terminals«. Die »End-of-track-towns« der Union Pacific genossen sehr bald einen ebenso legendären wie gefürchteten Ruf.

Die von Kalifornien aus bauende Central Pacific Railroad hatte es beim Durchqueren der Sierra Nevada mit ungleich schwierigeren Problemen zu tun. Die Arbeitsweise der Union Pacific Railroad schien den Bossen des pazifischen Bahnbaus wegen der ungeheuren Strapazen, Unfallgefahren und schwierigster Nachschubprobleme vollkommen ungeeignet. Sie befürchteten, daß weiße Einwanderer und Amerikaner das erheblich höhere Risiko nicht durchhalten können und eine zu hohe Investitionssumme für die laufende Unterhaltung von Vergnügungs- und Entspannungskomfort aber auch für abwechslungsreiche Verpflegung verloren gehen würde. Zu Hilfe kam den Verantwortlichen, daß in Kalifornien viele Tausende von chinesischen Kulis schon Jahre zuvor von den Amerikanern von den Goldfeldern verdrängt und in ein Taglöhner-Dasein abgeschoben worden waren. Die fleißigen und außergewöhnlich bescheidenen Chinesen bildeten das Rückgrat der Central Pacific Railroad-Bautrupps. Sie erhielten nur einen Bruchteil des Lohns von Casements «irischen Terries», sie wurden mit Tonnen getrockneter Austern und billigem, ungeschältem Reis ernährt und arbeiteten ohne Murren und Klagen erheblich länger und intensiver. Der energische Bauführer James Harvey Strobridge, ein fast zwei Meter großer, drahtiger Neu-Engländer aus Vermont, war ein ambitionierter «Sklaventreiber, der die chinesischen Kulis als Tiere ansah und behandelte». Seine Autorität gründete sich auf Furcht, und die Chinesen, die in ihrer Heimat seit Jahrtausenden nichts anderes als Unterwerfung gekannt hatten, und auch allgemein von den Weißen in den USA unmenschlich behandelt worden waren, ergaben sich solchem Regiment mit Gleichmut und unterwürfiger Duldsamkeit. Die kleinen, leichtgewichtigen und wieselflinken Chinesen erwiesen sich bald als die ausdauernsten und furchtlosesten Eisenbahnarbeiter, die die Welt je gesehen hatte. Ihre Genügsamkeit, was das Essen betraf, machte die Verpflegung vollkommen problemlos. Sie bildeten Gruppen von 20 Männern, wählten einen sprachkundigen Vormann zu ihrem Vertreter, der die Löhne kassierte, und einen Koch, der sie versorgte. Weil sie nie ungekochtes Wasser, sondern nur abgekochten Tee tranken, blieben sie von nahezu allen Infektionskrankheiten verschont. Da sie sich täglich gründlich mit Seife von Kopf bis Fuß wuschen und auch Schwitzbäder nahmen, wo immer das möglich war, gab es auch keinerlei Krankheitsprobleme. Ihre kindliche Freude und Erfahrung im Umgang mit Feuerwerkskörpern machte jeden einzelnen von ihnen zu einem erfahrenen Sprengmeister, der erstaunlich mit Sprengstoffen aller Art umzugehen verstand, eine Kunst, die Amerikaner überhaupt nicht beherrschten. Als Brückenbauer waren sie nicht zu übertreffen, ihre Kunst, selbst die schwindelerregendsten Schluchten mit kunstvollen Holzkonstruktionen zu überbrücken, gilt auch heute noch als beachtliche Leistung.

Schon 57 Meilen östlich von Sacramento stand Strobridge vor einer schier unlösbaren Aufgabe: 650 Meter über einer Schlucht des American River galt es, den Schienenstrang um eine halbrunde Felswand zu legen, deren Wand 75 Grad steil in die Schlucht abfiel. Chinesen, an Seilen angebunden, bohrten Löcher in die Wand und sprengten eine Trasse heraus, gerade breit genug, um einen Zug aufnehmen zu können. Hiernach glaubte Strobridge, daß es nichts gab, was Chinesen nicht vollbringen könnten. Als sich der Granit der Berge dem Schwarzpulver widersetzte, sprengten die Chinesen mit Nitroglyzerin ganze Felsen in die Luft. Trotz unverhältnismäßig hoher Verluste an Menschen murrten sie nie.

Als sich 1869 die beiden Schienenstränge der Union Pacific Railroad und der Central Pacific Railroad in der Wüste von Utah einander näherten, waren aus den beiden Partnern erbitterte Rivalen um Schienenmeilen geworden. Hatte die Nation bisher fasziniert dem gigantischen Werk über die ununterbrochenen Schlagzeilen der Presse zugesehen, so war ganz Amerika im Mai des Jahres regelrecht elektrisiert: Die irischen Terries Casements und die chinesischen Kulis von Strobridge näherten sich dem Berührungspunkt Wüste mit geradezu atemberaubender Geschwindigkeit. Bis zu 10 Meilen Schienenstrang legten beide Kolonnen täglich und am 10. Mai 1869 war es soweit. Der letzte — ein goldener — Schwellennagel wurde vom Präsidenten der Central Pacific, Leland Stanfort, in die letzte Schwelle getrieben. Die «Hochzeit der Schienen» hatte stattgefunden. In ganz Amerika läuteten die Glocken, fielen sich Menschen um den Hals, die Technik feierte ihren größten Triumph über Wildnis, Entfernungen und das »Unmögliche«. Lediglich während des Baus durch die Prärie war es zu Auseinandersetzungen mit den Prärie-Indianern im Platte Valley gekommen, aber das »Feuerroß« hatte alle Angriffs-Versuche der Indianer abgewehrt. In jener Zeit wurde den Sioux klar, daß sie kaum noch Hoffnung haben konnten, ihre Jagdgründe zu behalten. Die Eisenbahn zog Entwicklungen nach sich, die — jede für sich — den Indianern die Existenzmöglichkeiten nahmen.

Von dem Plan des schottisch-kanadischen Viehhändlers Joseph McCoy überzeugt, daß sich für Millionen von Longhorn-Rindern aus Texas Verladebahnhöfe in Kansas lohnen würden, hatte man 1865 mit dem Bau der Kansas-Pacific-Eisenbahnlinie begonnen, die von Kansas City quer durch Kansas nach Denver, Colorado, führen sollte. 1866 wurde der kleine Ort Abilene in Kansas erreicht und im gleichen Jahr begannen die großen Viehtrecks texanischer Longhorn-Rinder nach Norden, die zwei Jahrzehnte lang den gesamten Präriegürtel — bis hinauf nach Kanada — in seiner ökologischen Struktur grundlegend verändern sollten. Mit dem gleichzeitigen Bau der Atchison, Topeka & Santa Fe-Eisenbahn vom Missouri nach Colorado und dem Ausbau der Schienenstrecke bis Fort Dodge in Kansas, begann die große Bisonjagd in den Plains, die die Lebensgrundlage aller Prärie-Indianerstämme bedrohte.

Als man bei Promontory Point am Nordufer des Großen Salzsees im Mai 1869 die spektakuläre »Hochzeit der Schienen« feierte, hatte der Rinder-Boom und das große Bisonschlachten in der südlicheren Prärie einen Höhepunkt erreicht, waren die Pläne für den Bau weiterer Transkontinental-Eisenbahnlinien bereits fertig, teilweise hatte man sogar schon damit begonnen: 1883 wurde die große Northern Pacific Railroad in Betrieb genommen, nachdem sich die Sioux-Völker der illegalen Landnahme vehement widersetzt, der US-Armee am Little Bighorn ihre bisher größte Niederlage beigebracht hatten, aber schließlich doch mit massiertem militärischem Aufgebot in Reservationen gedrängt worden waren. 1883 rollte der erste Non-Stop-Zug über den Schienenstrang der Southern Pacific Railroad. Im Verlauf der Bauarbeiten wurden die letzten aufständischen Apachengruppen in New Mexico und Arizona vernichtend geschlagen. 1885 war der Bau der Atchison, Topeka & Santa Fe-Bahnlinie beendet, die dazu beigetragen hatte, daß durch die Schnellverbindung der Armeestützpunkte in den südlichen Plains die Comanchen und Kiowas besiegt werden konnten. Die Überlebenden kamen in Reservate. 1893 weihte man die Transkontinentalstrecke der Great Northern Railroad ein.

Innerhalb einer Generation hatte man fünf Transkontinental-Eisenbahnlinien, und unzählige Querverbindungs-Bahnlinien im amerikanischen Westen erbaut. In den 22 West-Staaten wurden Schienenstränge in folgenden Längen fertiggestellt:

Bis 1865:	3 000 Meilen	(4 800 km)
1870:	12 000 Meilen	(19 200 km)
1880:	32 000 Meilen	(51 200 km)
1890:	72 000 Meilen	(115 200 km)
1900:	87 000 Meilen	(139 200 km)
1910:	118 000 Meilen	(188 800 km)
1920:	127 000 Meilen	(203 200 km)

Die verschiedenen Eisenbahnlinien wurden wie folgt in Betrieb genommen:

1869:	Union Pacific/Central Pacific
1870:	Kansas Pacific
1871:	Denver Pacific
1873:	Missouri—Kansas—Texas Railroad
1882:	Oregon Short Line
1883:	Oregon Railway & Navigation
1883:	Northern Pacific
1883:	Denver & Rio Grande
1883:	Texas & Pacific
1883:	Southern Pacific
1883:	Santa Fe
1883:	Atlantic & Pacific
1888:	Chicago & Santa Fe
1893:	Great Northern

Der Bau von Eisenbahnen spielte bei der Besiedlung des amerikanischen Westens eine entscheidende Rolle: Er brachte die Entfernungen zum Schrumpfen, schaffte die notwendige Transportkapazität eines ununterbrochenen Nachschubs für Armee, Städtebauer, Farmer, Viehzüchter und Erzabbau, aber auch für neue und bessere Verbindungen zu den Absatzmärkten für Handel, Gewerbe, Landwirtschaft und Industrie. Die Geschichte der amerikanischen Eisenbahn ist reich an großartigem menschlichem Wagemut und genialen technischen Erfindungen, aber ebenso an hemmungsloser Habgier und vehementer Brutalität. Den Indianern wurde wichtiger Lebensraum genommen — mit ein entscheidender Faktor zum Untergang ihrer Existenz.

Die 56 412 222,5 ha den Eisenbahngesellschaften geschenktes Land hatten einen Wert von 278 806 052 Dollar.

Links Beim Bau der Eisenbahnlinien wurden ganze Berge mit Dynamit und Nitroglyzerin gesprengt. Besonders die Chinesen leisteten bei diesen Arbeiten Unglaubliches

Links unten Schwedische und bayerische Holzflößer, die für General Casement die behauenen Schienenschwellen auf den Flüssen zu den Depots transportierten, waren wegen ihrer Rauflust gefürchtet und berüchtigt

Die anspruchslosen, fleißigen Chinesen trieben den Bau der Central-Pacific-Eisenbahnlinie mit ungeheurer Schnelligkeit im Flachland, aber auch in den Bergen, voran. Sie lebten von getrockneten Austern und Reis und gaben sich mit wenig Lohn zufrieden. Auch erwiesen sie sich als sehr widerstandsfähig gegen Krankheiten, klimatische Verhältnisse und Strapazen

Die Schienenlegung der Central-Pacific-Eisenbahn stellte die Bahnbauer in den Bergen vor oft unüberwindlich erscheinende Probleme. Die schwedischen und bayerischen Bahnarbeiter standen den Chinesen in nichts nach und vollbrachten ebenfalls unglaubliche Leistungen

Die Royal George-Schlucht, nachdem sie von der Santa Fe-Eisenbahn gepachtet wurde. Damit die Schmalspurgleise der Rio Grande-Eisenbahn auch für die Normalspur des Santa Fe-Wagenparks benutzbar waren, legte die Santa Fe-Eisenbahngesellschaft lediglich eine dritte Schiene

»Hochzeit der Schienen«, Promontory, Utah, 10.5.1869. Ein geschlossener Schienenstrang von der Atlantik- bis zur Pazifikküste war geschaffen

William Jackson Palmer, König der Colorado-Schmalspur-Bahn, der »Denver and Rio Grande Rail Road«

In den Rocky Mountains wurden Holzdämme errichtet, auf denen die Eisenbahnzüge fahren konnten und so durch Schneefälle nicht behindert wurden

Brückeneinsturz 1873

Eisenbahn-Holzbrücke in den Rocky Mountains

Unten Landschaft und Natur stellten den Eisenbahnbau vor große Probleme. Hier eine Überschwemmung an der Union Pacific-Eisenbahn

Das Innere eines Eisenbahnwaggons um 1872

Das Innere eines Speisewagens um 1880

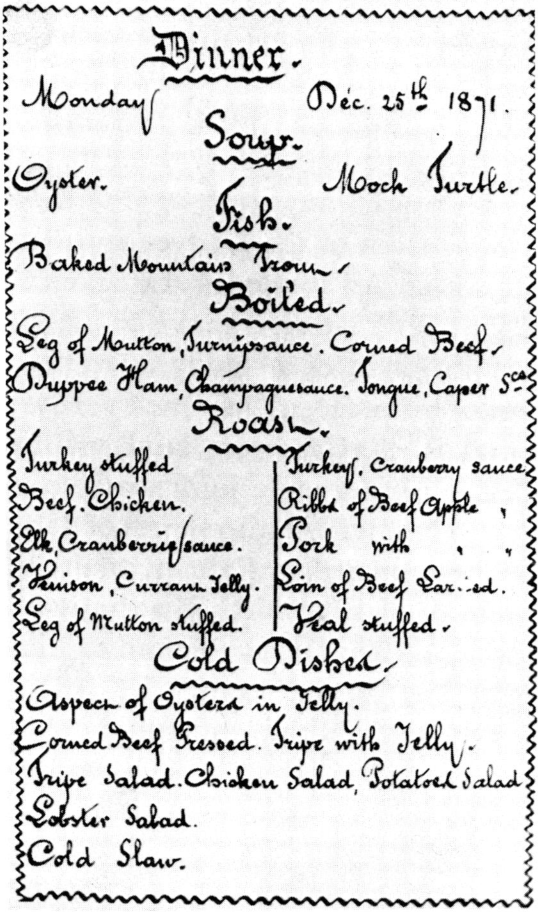
Dinner.
Monday Dec. 25th 1871.
Soup.
Oyster. Mock Turtle.
Fish.
Baked Mountain Trout.
Boiled.
Leg of Mutton, Turnip sauce. Corned Beef.
Duppee Ham, Champagne sauce. Tongue, Caper Sce.
Roast.
Turkey stuffed | Turkey, Cranberry sauce
Beef. Chicken. | Ribbs of Beef Apple "
Elk, Cranberries sauce. | Pork with " "
Venison, Currant Jelly. | Loin of Beef Lar..ed.
Leg of Mutton stuffed. | Veal stuffed.
Cold Dishes.
Aspect of Oysters in Jelly.
Corned Beef Pressed. Tripe with Jelly.
Tripe Salad. Chicken Salad, Potatoes Salad
Lobster Salad.
Cold Slaw.

Die erste Speisekarte im ersten Speisewagen der Union Pacific-Eisenbahn, 1871

Heinrich Hilgard, Journalist aus Frankfurt, reiste als Henry Villard jahrelang im Wilden Westen umher. Er drängte den Eisenbahnkönig Ben Holloway aus dem Geschäft und wurde selbst zum Eisenbahnkönig der Westküste. Er kehrte verarmt nach Deutschland zurück

Pullmann-Schlafwagen aus der Zeit um 1879

Eisenbahn-Holztransport nach Kalifornien zu Ende des vorigen Jahrhunderts. Für die Bergwerke und Siedlungen wurden große Mengen Holz benötigt, sodaß ganze Landstriche abgeholzt wurden

Chinesische Eisenbahnarbeiter wurden bei Laramie von Banditen überfallen und durch Torturen veranlaßt, ihre erarbeiteten Ersparnisse herauszugeben

Eisenbahnüberfall 1864

Ein Zug der Union Pacific-Eisenbahn im nordöstlichen Utah. Die Aufnahme entstand im Jahr 1870. Durch Steinlawinen versperrte Schienenstrecken wurden vom Zugpersonal mit Hilfe der Passagiere geräumt

Jay Gould der Wallstreet-Finanzier der Western-Eisenbahnlinien

Der erste Zug, der die Stadt Abilene erreichte, 1867

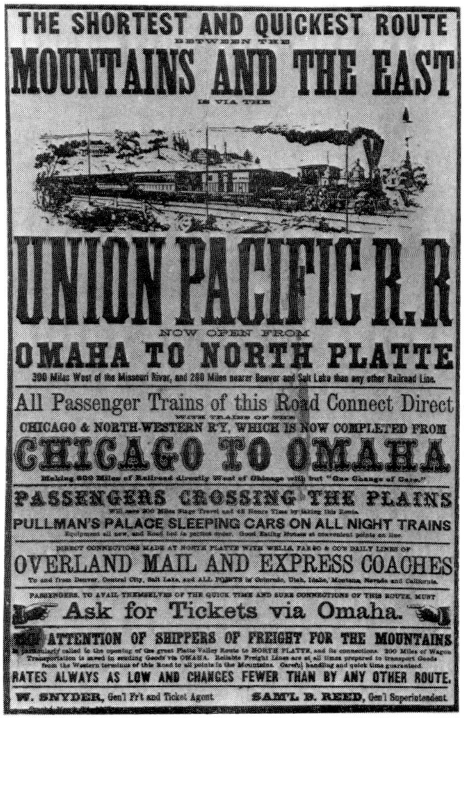

Plakat der Union Pacific-Bahn: Angepriesen wird die kürzeste und schnellste Verbindung zwischen Chicago, Omaha am Missouri und den Rocky Mountains, eine Strecke, die um 200 Meilen kürzer nach Denver und Salt Lake City ist als andere Eisenbahnverbindungen. Besonders wird auch auf die Pullmann-Schlafwagen hingewiesen

Links Erbfeinde der Dakota-Sioux, im Bild ein Krieger vor dem Angriff, waren die Chippewas. Diese trieben, da sie schon über Feuerwaffen verfügten, die Sioux nach Westen. Die Franzosen gaben den Siouxstämmen um 1640 den Namen »Nadoweissiw« (»Schlangen«, »Feinde«) daraus wurde »Nadouessioux«, schließlich »Sioux«

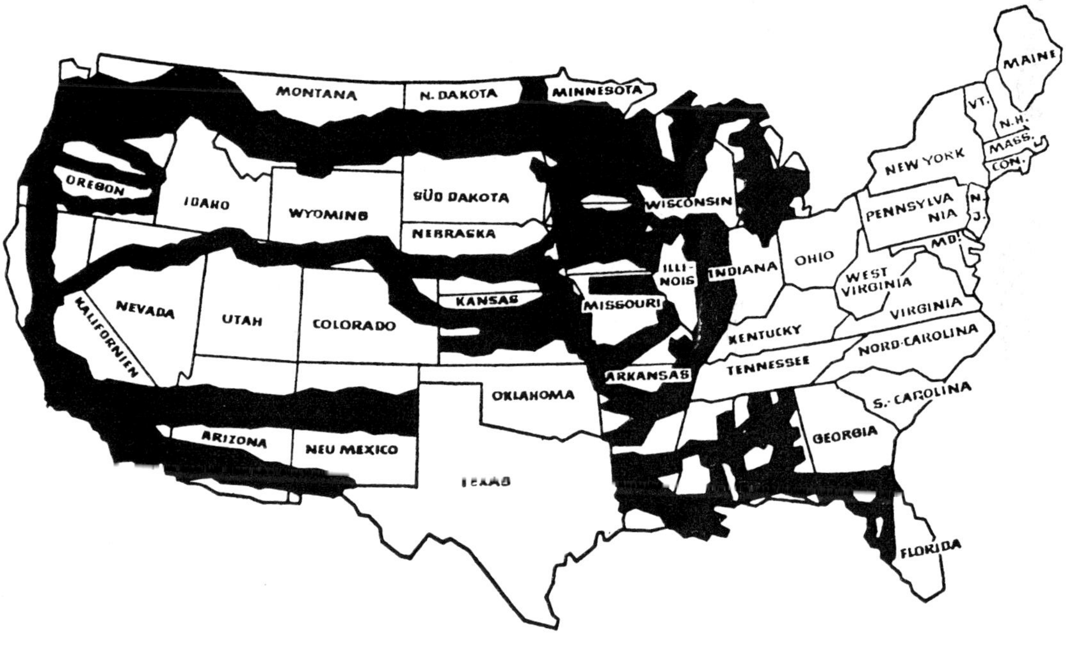

Landschenkungen der US-Regierung an die Eisenbahn 1862—1872, insgesamt 56 412 222,5 ha. Überlandtrecks, Goldsucher, Siedler und vor allem der Eisenbahnbau bedrohten die Wanderwege der Bisons und nahmen den Sioux und anderen Indianerstämmen die Lebensgrundlage. Die nördlichen Stämme setzten sich gegen die Union Pacific-Eisenbahn, gegen die Northern Pacific-Eisenbahn und den Bozeman Trail vehement zur Wehr

Oglalla-Sioux-Dorf 1874. Die Oglallas waren ein Unterstamm der Sioux-Gruppe

Links Halbfertiges Tipi der Sioux. Nach der Algonkin-Sprachgruppe waren die Sioux die größte Sprachfamilie. Ihr Verbreitungsgebiet erstreckte sich vom Missouri-Mississippi bis zu den Rocky Mountains und bis in die Gebiete nördlich von Mexiko

Rechts Red Hawk, Häuptling der Sioux. Die mittleren und südlichen Sioux entwickelten sich bis 1800 zu friedlichen Ackerbauern und verhielten sich ruhig. Die Habgier der Weißen und ihre technische Überlegenheit drängten die Sioux immer weiter aus ihren Gebieten. Friedensverträge und Aufstände gab es dann in ununterbrochener Reihenfolge

Crazy Bear, Häuptling der Sioux

Rechts
Kriegstänzer der Oglalla-Sioux

Links Sioux-Häuptling in vollem Kriegsschmuck

Short Bull und Kicking Bear (rechts)

Sioux 1876. Auf der Suche nach Land kamen sie zum Missouri und gelangten in den Besitz von Pferden. Innerhalb von fünf Jahrzehnten hatten sie sich zu gefürchteten Reitergruppen der nördlichen Prärie entwickelt

Teton-Sioux bei der Planung eines Überfalls, 1871. Die Teton-Dakota-Stämme blieben reine Bisonjäger und setzten sich gegen alle Eindringlinge zur Wehr. Red Cloud, Crazy Horse Spotted Tail, Gall und Sitting Bull führten einen totalen Krieg gegen die Weißen

Bisonmord und Rinder-Boom: Jäger, Cowboys, Rancher

»Ironischerweise ist der amerikanische Büffel in Wirklichkeit überhaupt kein Büffel, sondern ein Bison. Wissenschaftler behaupten, daß der Gattungsbegriff ‚Büffel' nur dem Wasserbüffel oder dem Afrikanischen Büffel zustehe. Wissenschaft hin, Wissenschaft her, das Wort Büffel wird für immer mit der amerikanischen Pioniergeschichte verbunden sein.«
Horan I. D. The Great American West, Seite 207

Folgende Doppelseite Mehr als 8 Millionen Rinder wurden zwischen 1867 und 1884 von Texas nach Norden getrieben

Als die ersten Europäer den nordamerikanischen Kontinent betraten, gab es unermeßliche Bisonherden in mehr als einem Drittel des Landes. Der Lebensraum der Bisons reichte vom großen Sklavensee im Norden bis nach Mexiko im Süden, von den Blauen Bergen Oregons bis nach Pennsylvanien und New York. Die Schätzungen, wieviele Bisons den Kontinent bevölkert haben, bewegen sich zwischen 30 und 60 Millionen Stück. Sie waren in den Wäldern der Appalachen (Waldbison) ebenso vertreten wie in den Prärien, Steppen und Plains (Präriebison) und »bedeckten den Präriegürtel häufig wie ein riesiges schwarzes Tuch von Horizont zu Horizont«.

Der 160-180 cm schulterhohe und bis zu einer Tonne schwere Bison war nicht nur das größte nordamerikanische Wild, sondern auch das wehrloseste. Seine hervorstechenste Eigenschaft, still und wiederkäuend beisammenzustehen und sich ohne Andeutung von Angriffslust oder eines Fluchtreflexes abschießen zu lassen, beschleunigte die Ausrottung sehr. Man konnte ganz nahe an eine Bisonherde herangehen, fahren oder reiten und dann in Ruhe einen Bison nach dem anderen abschießen. Weder der peitschende Schußknall, noch der Anblick fallender Tiere versetzte die Bisons in Aufregung. So war es möglich, daß selbst die unerfahrensten Schützen innerhalb kurzer Zeit große Herden abschlachten konnten, ohne daß größere Gefahr bestand.

Die stets gleichbleibenden Lebensgewohnheiten der Bisons waren für Indianer, Mountain-Men und Westwanderer von größtem Nutzen. Die Bisons wanderten stets auf Strecken mit den geringsten Hindernissen. Man brauchte nur ihren Spuren zu folgen, um den bequemsten Weg zu finden. Bisonfährten führten auch unvermeidlich zu Wasserstellen und witterungsgeschützten Mulden. So folgte zum Beispiel der Schienenstrang der Union Pacific-Eisenbahn dem alten »Buffalo Trail« exakt bis in die Rocky Mountains — jeder andere Weg wäre schwieriger und kostspieliger gewesen.

Schon immer wurden Bisons gejagt, nicht nur, weil sie es den Jägern leichter machten als anderes Wild, sondern weil ihr Fleisch schmackhaft wie Rindfleisch und äußerst nahrhaft ist. Die US-Armee im Westen unterhielt entweder regelmäßig jagende Patrouillen, oder sie kaufte von zivilen Jägern frisches oder getrocknetes Fleisch.

Die Felle fanden erst um 1800 einige Abnehmer. 1803 wurden am Missouri nur insgesamt 850 Bisonfelle zum Preise von 5,50 Dollar pro Fell verschifft. Aber schon 1815 wurden es jährlich etwa 26 000 Felle, die nach Pittsburg und New Orleans gebracht wurden. 1825 wurden in New Orleans 184 110 Felle umgeschlagen, 1827 waren es 134 120, 1828 199 870, 1829 noch 159 870, 1830 nur noch 30 610. Neben den Fellen handelten die Pelzhändler aber auch gesalzenes und getrocknetes Bisonfleisch und Zungen. Doch diese Jagd, bei der die Beute über enorm weite Strecken mühsam mit Wagen transportiert werden mußte, hielt sich noch in Grenzen. Die Bisonherden konnten diese Verluste leicht verkraften.

»Wir professionellen Bisonjäger gründeten unsere Jagdmethode auf der unfaßbaren Stupidität des Bisons, der ohne jeden Zweifel das dümmste Wild in der ganzen Welt ist. Die Natur hat den Bison mit fast keinerlei Abwehrfähigkeit ausgestattet. Seine Sehschärfe war armselig, sein Gehör nicht viel besser und sein Geruchssinn miserabel. Er hatte das Temperament eines zahmen Schafes. Er wollte oder konnte nicht kämpfen, und alle Bilder, die den Bison gegen seinen Jäger anrennen sehen, sind purer Quatsch. Alles, was der Büffel konnte, war davonrennen. Glaubt aber deshalb nur ja nicht, daß diese Bisonjagd leicht war. Diese stupiden Biester rannten in panischer Flucht davon, sobald sie sich vor etwas fürchteten. Beinahe alles konnte eine solche Stampede verursachen. Ich habe eine alte Kuh gesehen, die gemütlich graste und der es plötzlich in den Sinn kam, sich vor irgendwas zu fürchten. Sie begann davonzurennen, und augenblicklich rannten einige Tausend mit ihr — sie wußten nicht warum und sie wußten nicht wohin. Und wenn die Kuh in ihrer blinden Stupidität in eine domtiefe Schlucht gestürzt wäre, so wären ihr — darauf könnt ihr euren letzten Cent wetten — alle anderen Bisons geradewegs in diese Schlucht nachgefolgt.«
Mayer, F. H., The Buffalo Harvest, Seite 161.

Vier große Herden unterschied man innerhalb des Präriegürtels zwischen der kanadischen und mexikanischen Grenze:

1. Die Nördliche Bisonherde (8—15 Millionen Stück) in Montana und Nord-Dakota. 2. Die Republican Herde (10—18 Millionen Stück) in Wyoming und South Dakota. 3. Die Arkansas Herde (7—14 Millionen Stück) in Nordost-Colorado, Nebraska und Kansas. 4. Die Texas Herde (5—10 Millionen Stück) in Texas, New Mexico und Oklahoma.

Die Westwanderer auf dem Weg vom Missouri nach Oregon, Kalifornien, Colorado und Sante Fe machten sich ein »Vergnügen« daraus, beim Zusammentreffen mit diesen Bisonherden »wie verrückt in diese hineinzuballern«. Sie waren beim Eintritt in die Steppe zwar sehr gut bewaffnet, aber die meisten von ihnen besaßen noch keine Erfahrung im Schießen. Diese pflegte man zu sammeln, indem man tatsächlich unzählige Bisons abschoß. Nur ein Bruchteil des so gewonnenen Fleisches wurde verwendet. Das Land, durch das sich die Überland-Trails zogen, war um 1860 »von einer Unzahl stinkender und verrottender Bisonkadaver und Bergen von gebleichten Knochen bedeckt« und man schätzt, daß zwischen 1850 und 1865 von den Westwanderern allein auf diese Weise völlig sinnlos mehr als 6 Millionen Bisons getötet wurden.

Aber auch die Indianer waren bei der Büffeljagd nicht kleinlich und gingen alles andere als schonend vor. Sie versetzten ganze Herden in Panik und trieben sie über Steilwände nur um ein paar Dutzend Tiere zu erbeuten. Schätzungen besagen, daß sie von 1850—1860 etwa 3,5 Millionen Bisons »ernteten«, von denen sie nur einen Bruchteil verarbeiten konnten. Zuverlässige Untersuchungen besagen, daß die Indianer selbst, die es von den Randgebieten der Prärie ab 1780 immer mehr in diese hineinzog, ihre eigene Existenzgrundlage wahrscheinlich innerhalb von 150 Jahren genauso ausgerottet hätten, wie es dann die Weißen in erheblich kürzerer Zeit schafften. So wurden zum Beispiel durch die indianische »Feuerjagd« — bei der man die Prärie in einer Linie in Brand setzte, um fliehende Herden in tiefe Schluchten stürzen zu lassen — viele Tausende von Bisons »zu Tode gestürzt«, auch wenn man nur einen Bruchteil von ihnen brauchte. Auf diese Weise entstanden verheerende Flächenbrände, die völlig außer Kontrolle gerieten und das Land auf Jahre hinaus verwüsteten und für das Weiden unbrauchbar machten.

Aber erst mit der Verlegung von Schienensträngen in den Präriegürtel begann das, was man seitdem das »Große Massaker« nennt. Als erste Eisenbahnlinie drang die Kansas & Pacific Railroad in die Kansas Prärie ein und erreichte 1867 Abilene, einen kleinen Ort, aus dem Joseph G. McCoy eine Verladestation für Texas-Longhornrinder machte.

Ab etwa 1868 begann, was Zeitgenossen die »Buffalo Harvest« (»Bison-Ernte«) nannten. Die rapide wachsende Industrie hatte herausgefunden, daß Bisonleder sich besser für Transmissions-Treibriemen eignete, als alles andere Leder, und im gleichen Augenblick wuchs der Bedarf ins Gigantische. Man zahlte in den Häutedepots den Büffeljägern 2—3 Dollar pro Haut.

> »Als ich mich diesem Geschäft zuwendete, setzte ich mich hin und rechnete. Da gab es 20 Millionen Bisons, jeder 3 Dollar wert, macht 60 Millionen Dollar. Eine Patrone kostete 25 Cents, wenn ich sie selber lud nur 10 Cents. Bei einer gekauften Patrone verzwölffachte sich meine Investition, bei einer wiedergeladenen verdreißigfachte sie sich. Ich konnte 100 Bisons pro Tag töten, das ergab einen Profit von 200 Dollar pro Tag, mal dreißig ergab dies 6 000 Dollar im Monat, oder dreimal soviel wie der Präsident der Vereinigten Staaten verdiente und 150 mal soviel wie man mit einem normalen Job verdienen konnte.«
>
> *Mayer, F. H., The Buffalo Harvest, Seite 61f.*

Während sich ca. 10 000 Bisonjäger anschickten, die neue, die »Bison-Bonanza« mit Pulver und Blei »auszuschöpfen«, die wiederum den halben Kontinent — diesmal die Prärie — in Profitfieber versetzte, veranstalteten die Eisenbahngesellschaften einen einmaligen Service: Bisonjagd-Exkursionen mit allem Komfort, einem Schießstand auf Rädern, mit schwarzen livrierten Dienern, die für die Ladies und Gentlemen an den Wagenfenstern die schweren Sharps- und Remington-Gewehre nachluden, die eisgekühlte Drinks und Sandwiches servierten, und hin und wieder hinausgingen, um delikate Büffelzungen zu holen. Kam einem solchen Zug eine Bisonherde in die Quere, begann es »aus den Wagenfenstern Blei zu spucken«, daß sich manche Bürgerkriegsveteranen an große Schlachten erinnert fühlten. Auf Entfernungen von knapp 20 m war es selbst für einen Halbblinden unmöglich vorbeizuschießen.

Ganze Familien und Sippen fanden sich in den Sammelbahnhöfen von St. Louis und Cincinnati, Ohio, ein, um dann — gegen Gebühren — in der Prärie im Schießen unterrichtet zu werden. Professionelle »Skinner« (Abhäuter) sammelten für die »Jäger« Trophäen, Präparatoren in den großen Depots präparierten sie und lieferten frei Haus, wo immer die Adressaten auch wohnen mochten. Die US-Armee unterstützte solche Aktivität nach Kräften, obwohl offiziell die Regierung niemals zum Bisonmassaker aufforderte und nach dem großen Schlachtfest ihre Hände in Unschuld wusch. Aus den Munitionsarsenalen wurden viele Millionen Patronen des Kalibers 45—70 kostenlos an die Eisenbahnen geliefert. Die Eisenbahnen berechneten das Geschenk mit 20 Cents pro Patrone. Durchschnittlich verschoß ein »Jäger« auf einem solchen Exkursions-Trip etwa 600 Patronen und brachte damit, außer dem Fahrpreis und den Service-Kosten den Bahngesellschaften 120 Dollar Reingewinn zusätzlich ein. Die amerikanischen Historiker haben immer verneint, daß die US-Armee aktiv an diesem Bisonmord beteiligt war. Aber passiv hat sie sehr viel dazu beigetragen:

> »Alles was man zu tun brauchte, war, zu einem Armeefort zu gehen und zu sagen, daß man knapp an Patronen sei, und man erhielt mehr als man brauchen konnte... Ein Fortkommandant hat mir das erklärt. Er sagte: Entweder der Bison oder der Indianer muß weg. Nur, wenn der Indianer in allem was er braucht von uns abhängig wird, werden wir mit ihm fertig. Mit dem Bison ist er zu unabhängig. Aber wenn wir den Bison töten, unterwerfen wir den Indianer.«
> *Mayer, F, H,., The Buffalo Harvest, Seite 29f.*

Durchschnittlich schoß ein professioneller Jäger 50 Bisons pro Tag ab, aber Tagesquoten von 200 Stück waren keine Seltenheit. Die Eisenbahn karrte Hunderttausende von Häuten nach Osten. 10 Jahre hielt das Massaker an und der Präriegürtel war während dieser Zeit vom Gestank Millionen verwesender Bisonkadaver erfüllt. Dann hielten Tausende von Knochensammlern die Nachlese für die Seifen- und Leimindustrie. 1878 gab es die Texas-Herde nicht mehr. 1889 wurden in den Staked Plains die letzten 4 Bisons abgeschossen. Die Nördliche Herde wurde zwischen 1876 und 1882 bis auf 2 000 Stück ausgerottet. Diese letzten 2 000 Stück ließ Sitting Bull von seinen Kriegern 1883 im September am Canonball River in North Dakota bis auf den letzten Bison abschießen. 1900 gab es im Yellowstone National Park noch 1 000 Bisons, die von Wilderern bis auf 20 Stück dezimiert wurden. 1905 begann die American Bison Society mit der Aufzucht einer neuen, geschützten Herde. Heute gibt es wieder 10 000 Bisons in den USA.

Die Zeit des ungehemmten Profitstrebens, das nach dem Bürgerkrieg einen Höhepunkt erreichte, hatte mit dem Gold- und Silberrausch, mit dem Eisenbahnbau und der Bisonbonanza, aber aber auch mit dem Boom der Kriegs- und Konsumgüterindustrie den ganzen Kontinent erfaßt. Wer nicht zu den entschlossenen Ersten gehörte, die ohne viel zu überlegen ihrem »Ende des Regenbogens« nachjagten, wurde von den sich laufend — und oftmals gleichzeitig— eröffnenden neuen Booms schließlich doch angelockt und überzeugt, irgendeine der unbegrenzten Möglichkeiten wahrzunehmen. In Ost und West, Nord und Süd öffnete sich eine Möglichkeit nach der anderen, ein Vielfaches des Normalen erlangen zu können — mit größerem Wagnis und erhöhtem Risiko. In den großen Wäldern der pazifischen Rocky Mountains begann man, Kahlschläge vorzunehmen, der »Lumber-Boom« setzte ein. Wer eine Axt zu schwingen und eine Säge handhaben konnte, wurde zum »Lumber-Jack« (Holzfäller), der das Vielfache des Lohns bisheriger Arbeit verdiente. An der Pazifik-Küste entstanden beinahe über Nacht in jeder Bucht Küstenfischer-Boomstädte mit schwindelerregend wachsenden Küstenboot-Fischerflotten, die immer mehr Ladungen Frischfisch löschten. In den fruchtbaren kalifornischen Niederungen entstanden Obst- und Gemüse-Plantagen gewaltigen Ausmaßes. 2—3 mal jährlich konnte geerntet werden. Die Southern Pacific erhielt bald den Namen »Aprikosen-Expreß«, weil die endlosen Güterwagen, beladen mit Früchten, Tag und Nacht nach Osten rollten.

Und noch während der großen Bisonjagd, zeichnete sich in Kansas ab, daß die Kansasprärie sehr bald zur Kornkammer Amerikas werden würde. Wo der Büffel vernichtet, Indianer in Reservationen eingesperrt waren, breiteten sich unübersehbare Weizen- und Maisfelder aus. Im Süden, der nach dem verlorenen Bürgerkrieg vor dem Bankrott stand, entstand ein weiterer gewaltiger Boom, der den gesamten Präriegürtel erfaßte: der Rinderboom. Aus den entlaufenen andalusischen Rindern des spanischen Eroberers Coronado hatte sich im Laufe der Zeit in Texas eine viele Millionen zählende Herde wetterharter Longhorn-Rinder entwickelt. Als nach dem Bürgerkrieg in den Nordstaaten Hungersnot herrschte, stand fest, daß die texanischen Longhorn-Rinder die Möglichkeit boten, die Fleischknappheit zu beseitigen. Das Problem bestand nur darin, diese Rinder zu den Absatzmärkten und Aufkäufern im Norden zu transportieren.

Schon vor dem Bürgerkrieg hatte es vereinzeltes Treiben von Herden zu Schiffahrts- und Eisenbahntransportwegen im Südosten der USA gegeben. Erste Versuche, 1866 Rinderherden nach Norden durch den Präriegürtel zu den Schlachthöfen Chicagos zu treiben, endeten mit sehr hohen Verlustquoten.

Erst der Bau der Transkontinental-Eisenbahnlinien ermöglichte, was vordem nicht zu praktizieren war. Als 1867 die Stadt Abilene in Kansas die ersten Viehverladerampen an die Schienen der Kansas & Pacific Railroad anschloß, gab es für die texanischen Rinderzüchter kein Halten mehr. Sie begannen Rinderherden von 2—3 000 Stück über den Chisholm-Trail nach Abilene zu treiben, wo sie von Aufkäufern aus dem Norden bereits erwartet wurden. Innerhalb eines Jahres wurde Abilene eine pulsierende Rinderstadt, die alles zu bieten hatte. In der »Texas Street« reihten sich Saloons, Tanzhallen, Badehäuser,

Restaurants, Sattler, Barbiere, Büchsenmacher und Mietställe aneinander, für Rancher und Händler gab es feudale Hotels mit allem Komfort, auf den Straßenecken priesen Quacksalber ihre Medizinen, zwei Zeitungen berichteten über die neuesten Ereignisse, in einem abgezäunten Bezirk waren Dutzende von Freudenmädchen konzentriert, die sich jeden Nachmittag in der Stadt zur »Parade der Sirenen« formierten und sich den Cowboys in Sonntags-Halbwelt-Kleidung präsentierten.

Die texanischen Herdentreiber, die während des Trails monatelang Strapazen bis zur Erschöpfung, Gefahren und Naturgewalten auszustehen hatten, die mehr als 16 Stunden im Sattel gesessen und manchen Gefährten verloren hatten, freuten sich nicht nur, daß sie noch lebten, sondern erhielten hier auch ihren Lohn. Für die texanischen Cowboys wurde die Rinderstadt zum Saison-Jahrmarkt der Superlative, für die Treiber-Chefs und Rancher, für die Verladebahnhof-, Eisenbahn- und Transportunternehmer zum großen Geschäft.

In Texas war ein halbwildes Longhorn-Rind kaum die Haut wert, in Abilene erzielte es 28-32 Dollar, im Schlachthof von Chicago 70-90 Dollar. Die Rinder brauchten in Texas nur eingefangen, mit dem Brandzeichen versehen und für den Treck zusammengestellt zu werden. In Abilene ließ man den Rindern 4-6 Wochen Zeit, sich auf umliegenden Weidegründen zu erholen, anschließend wurden sie in Viehwaggons zu den Schlachthöfen gefahren. Fazit des Rinderbooms: Es verdienten Cowboys, Trailbosse, Köche, Wrangler, Rancher, Trailunternehmer, Abnehmer, Transportunternehmer, es verdienten die Eisenbahnen und die Scharen von Händlern, Handwerkern, Scharlatanen, Kartenspielern und nicht zuletzt der Vergnügungssektor.

In Texas wurde durch diese Einnahmen, die sich ständig steigerten, der Staatsbankrott abgewendet, viele Besitzungen, die bereits verpfändet waren, wurden ausgelöst, neue Städte mit neuen Handelszentren entstanden, die Staaten, in denen die Eisenbahnlinien den Rindertransport durchführten, entwickelten sich rascher, die Schlachthäuser im Norden erweiterten ihre Kapazitäten, stellten mehr Arbeitskräfte ein, das Fleischangebot in den Nordstaaten erhöhte sich schlagartig. Die Ökonomie der kriegsgeschwächten amerikanischen Staaten erholte sich zusehends.

Das Gras des Präriegürtels war seit Jahrtausenden von den Bisonherden stets so kurz gehalten worden, daß man seit jeher angenommen hatte, daß es sich für die Rinderzucht nicht eignen würde. Doch während gleichzeitig immer mehr und immer größere Rinderherden von Texas nach Norden getrieben und die Bisons abgeschossen und dezimiert wurden, stellte sich überraschenderweise heraus, daß Präriegrasgebiete, der Bisonwanderung entzogen, geradezu hervorragend für Rinderbestände nutzbar waren. Das Gras war mineralisch gehaltvoller, Rinder verschlammten die Wasserstellen und Flüsse lange nicht so stark wie Bisons. Der Wasserhaushalt der Prärien erholte sich mit dem Verschwinden der Bisonherden nicht nur, sondern wurde merklich besser.

Und während Bisons zu Millionen abgeschossen wurden, Longhorn-Rinder in immer größerer Zahl aus den Wildnisreservaten von Texas nach Norden getrieben wurden, während in Kansas eine Rinderstadt nach der anderen mit immer größeren Verladerampen entstand, führten andere Herdentrails über diese Stationen weit hinaus bis nach Oglalla, Nebraska, nach Cheyenne, Wyoming, und Miles City, Montana und nach South- und North Dakota.

In den Goldboom-Städten von Colorado, Wyoming und Montana entstanden Schlachthäuser und Konservenfabriken, die mit steigender Bevölkerung auch den steigenden Fleischbedarf zu decken hatten. In den Staaten wo die Bautrupps der Transkontinental-Eisenbahnlinien und der Verbindungslinien Schienenstränge legten, und in denen beiderseits der Schienenstränge eine Stadt nach der anderen entstand, bildeten die texanischen Longhorn-Rinder den Grundstock für den Beginn einer eigenen Rinderzucht großen Ausmaßes.

Während in Texas im ersten Jahrzehnt des Rinderbooms ein Rancher im Prinzip gar kein Rinderzüchter, sondern mehr ein nomadischer Einfänger von halbwilden Rindern war, etablierten Rinderzüchter in den nördlichen und nordwestlichen Staaten mit importierten Texas-Longhorns ortsfeste Rinderzuchten. Die ersten waren wiederum Texas-Rancher, die den Trend voraussahen. Sie errichteten in Colorado, New Mexiko, Kansas, Nebraska, Wyoming und Montana Rinderzucht-Betriebe, stockten sie mit ihren Rindern aus Texas auf, machten Kreuzungsversuche und allmählich, noch während die Rindertrecks aus Texas ihrem absoluten Höhepunkt zustrebten, wanderten »trailmüde« erfahrene Texas-Cowboys bis zur kanadischen Grenze — und darüber hinaus — um sich als Berufs-Cowboys in Rinderzucht-Betrieben zu verdingen.

In der Prärie erfolgte der sogenannte »Grasfresser-Austausch«. Nachdem die Bisons zu Millionen abgeschossen worden waren, wurden sie durch Millionen von Rindern verschiedenster Züchtungen ersetzt. Wasser-Ingenieure fanden heraus, daß Wasserarmut eigentlich nur auf der Prärie herrscht, aber nicht tiefer im Boden. Bald förderten Windmühlenbrunnen überall aus Tiefen zwischen 10 und 400 Metern frisches Grundwasser zu Tage.

Es waren nicht nur die Bisonjäger und Häutehändler, nicht nur die Treibriemen-Industrie und nicht nur die US-Armee, die den Untergang des Bisons beschleunigten bzw. unterstützten. Nun waren es auch Viehtreiber, Viehzüchter, Transportunternehmer und die Schlachthöfe, aber auch die Neustädter, Neusiedler in all diesen Gebieten, für die der Austausch des wilden Bisons mit dem zahmen Fleischrind eine Verdienstfrage war.

Für die gesamte Bevölkerung des Westens war es von ausschlaggebender Bedeutung, die Bisons zu jagen, damit den störenden Indianern ihre Existenzgrundlage zu nehmen, und eine Rinderwirtschaft und den Ackerbau im großen Stil zu beginnen.

Etwa genau zu dem Zeitpunkt, an dem sich der Vorrat halbwilder Longhorn-Rinder in Texas erschöpfte — um 1886 — und auch hier längst permanente Rinderzüchter mit umzäunten Weideflächen die nomadischen »Rinderfänger« abgelöst hatten, lief die Rinderzucht in New Mexico, Colorado, Kansas, Nebraska, South Dakota, North Dakota und Montana bereits auf Hochtouren. Überall hatte man Betriebe errichtet und die geschützten Täler der Rocky Mountains

für eine neue Züchtung, die besonders winterfest war — die Hereford-Rinder, auch »Whitefaces« genannt — entdeckt. Den kleinen und großen Rinderzuchtbetrieben folgten die Rinderzucht-Syndikate, die die Rinderzucht zur Rinderindustrie machten. Genau zur gleichen Zeit waren die Bisons ausgerottet, die Indianer nach den Indianerfeldzügen in die Reservationen geschafft worden, der Gold- und Silberboom hatte sich zum Erzbergbau gewandelt, das Eisenbahnfieber war zum verkehrstechnisch durchrationalisierten Eisenbahnnetz-Bau geworden. Die Ära der negativen Begleiterscheinungen dieser stürmischen Entwicklung der Banditen und Revolvermänner ging zu Ende. Die Zeit des freien Cowboys war vorbei, der Viehtreiber wurde zum Lohnarbeiter im Sattel, der nicht mehr einer freien Männergesellschaft angehörte.

Der Begriff »Cowboy« aber war zur Weltanschauung geworden. Die frühen Vertreter dieser Zunft waren die texanischen Cowboys aus der ersten Zeit nach dem Bürgerkrieg. Die ersten »Rindersammler«-Unternehmer, meistens vormalig Klein-Rancher, die von Rinderzucht etwas verstanden, nahmen junge Männer in Dienst, die in der Nachkriegsrezession in Texas zu Tausenden arbeitslos waren. Ihre Aufgabe war es, verwilderte Longhorn-Rinder in den Randgebieten der Besiedlungsräume aufzuspüren, sie mit Brandzeichen zu versehen und für das Herdentreiben nach Norden vorzubereiten. Sie konnten diesen jungen Männern keinen Lohn geben, sondern versprachen ihnen eine Beteiligung am Verkaufserlös, so daß also diese ersten Cowboys eine Art »Mitunternehmer« waren. Unter diesen Voraussetzungen und Bedingungen, die auf absoluter Freiheit eines jeden Einzelnen, auf kollegialer Risiko- und Gewinnbeteiligung und gegenseitiger gleichbereichtigter Achtung voreinander beruhten, bildete sich innerhalb der ersten Jahre des Herdentreibens eine ganz spezifische Lebensart mit ganz konkreten Ehrbegriffen und Verhaltensweisen, die auch später, als die Rancher immer mehr Unternehmer und die Cowboys immer mehr Lohnarbeiter wurden, Gültigkeit hatte.

Das Leben des Cowboys war hart. Er hatte die längste Arbeitszeit und ging große Risiken ein. Der Umgang mit halbwilden Rindern, die »streitbar und gefährlich wie Wölfe«, waren, forderte die ganze Kraft und Geschicklichkeit eines Mannes zu Pferd. Die Zusammenarbeit verlangte absolute Zuverlässigkeit und grenzenloses Vertrauen. Landschaft und Klima bedingten größten Einsatz. Die Männer-Gesellschaft solcher Cowboys konnte sich nicht leisten, auch nur die geringste Bevormundung oder Unfreiheit, die ihre eigene spontane Entscheidungsfreiheit beeinträchtigen konnte, in Kauf zu nehmen. Nur ein Mann, der niemandem als sich selbst verantwortlich war, konnte diese Arbeit bewältigen. Die Abwehr mexikanischer Rinderdiebe und marodierender Indianer war eine nicht unwesentliche zusätzliche Aufgabe.

Andererseits hatten sie, und dessen waren sich die Cowboys wohl bewußt, ein hohes Maß an persönlicher Freiheit, wie sonst keine andere Berufsgruppe. Sie allein, die einen Großteil ihrer Zeit im Sattel der Pferde zubrachten, die lernten, sich den Gefahren der Natur anzupassen und sich ihrer Haut zu wehren, die das anvertraute Eigentum zu schützen hatten, die jeden Tag vor unüberwindlich scheinenden Hindernissen standen und diese mit ganzem Einsatz zu meistern versuchten, die lernten, größte Strapazen zu ertragen — sie allein fühlten sich als etwas Besonderes. Sie schätzten Bequemlichkeit und Komfort gering und verachteten »geregelte« Arbeit nur um des Geldes willen. Sie lernten, daß ein Mann zum Leben mehr braucht als Geld und Besitz, daß ständige Anspannung aller Kräfte, wenn sie der Selbstbestätigung diente, wertvoller war, als das Streben nach Profit und Besitz. Ihre Glaubensdogmen waren nicht die Bibel und die Kirchen, sondern die Natur und das Leben.

Der Beruf des Mannes, der im Sattel der Pferde Rinder hütete, war nicht nur zur Berufung geworden, sondern regelrecht zu einer neuen Weltanschauung, in der es keine in der übrigen Zivilisation bestehende Tabus gab.

Es gab keine Rassenprobleme — mehr als 30 Prozent der Cowboys waren Neger, Indianer und Mischlinge. Es gab keine sozialen Klassenunterschiede — die Cowboys kamen aus allen gesellschaftlichen Schichten. Es gab keine dominierende Bedeutung von Reichtum und Besitz — der Himmel und die Erde gehörte allen Cowboys, Hagel, Schneestürme, Blitze und Katastrophen ebenso. Es gab keine sexuellen Tabus. Die Anführer und Chefs saßen mit den Cowboys an der Bohnenpfanne am selben Feuer, wehrten sich ihrer Haut gegen dieselben Gegner, tanzten den gleichen Square-Dance und beschützten mit ihren Waffen und Leben die Schwachen.

Brüderlichkeit, Gleichheit und Freiheit strahlte eine weit über die Grenzen von Texas hinausgehende Faszination aus, so daß bald die Söhne von Adeligen und Reichen neben denen von Sklaven, Bauern und Arbeitern, Engländer neben Kanadiern, Mexikaner neben Negern und Amerikanern im Sattel saßen. So wurden die 40 000 texanischen Cowboys zu einer kosmopolitischen Gesellschaft.

Der etablierten Gesellschaft blieb die Lebensweise der Cowboys fremd. Sie empfand sie als Provokation.

Die tatsächliche Gewaltkriminalität unter den Cowboys war die geringste aller Gesellschaftsstrukturen in Amerika, aber die Gesellschaft, für die bodenständige Seßhaftigkeit, Frömmelei, Besitz und Eigentum den höchsten Stellenwert besaß, war nicht imstande, diese Lebensform zu verstehen, geschweige denn zu tolerieren.

Solange das Herdentreiben nach Norden anhielt, bewahrten die Cowboys ihre Unabhängigkeit. Aber das änderte sich mit der Gründung von stationären Rinderzuchtbetrieben, mit dem Vordringen der Eisenbahnen, die Besetzung der Plains durch Siedler und Heimstätter. Immer geringer wurden die Möglichkeiten, die Herden nach Norden zu treiben, immer häufiger wurden Auseinandersetzungen mit Siedlern und stationären Zuchtbetrieben. Schließlich wurden die nomadischen Reiter immer abhängiger von Marktordnungen und den Regeln wirtschaftlicher Entwicklung. Mit wachsender Abhängigkeit aber wurde der inneren Freiheit allmählich der Boden entzogen. Dann hörten die Rindertrecks schließlich ganz auf, der Cowboy wurde zum Lohnreiter, der Ehrenkodex, die Berufung, die Weltanschauung der Cowboys war nur noch ein Traum. In der neuen Gesellschaftsordnung war dafür kein Platz mehr.

Während der Cowboy glaubte, daß der Mensch in einer unversehrten Natur einen Sinn zu verwirklichen habe, war der Yankee tief davon durchdrungen, nur der Zweck heilige die Mittel. Der polare Gegensatz zwischen emotional und rational zentrierter Geistigkeit mußte letztlich zum Untergang der vom täglichen Plebiszit lebenden demokratischen Ordnung führen, die der Cowboy an die Stelle der vernichteten Tradition des Pflanzerfeudalismus gesetzt hatte.

Wohl wehrte sich der Cowboy in einigen blutigen Weide- und Zaunschneiderkriegen gegen diesen programmierten Untergang, doch alle Bemühungen endeten in Ohnmacht und Niederlage. Mit der wachsenden Besiedlung und allerorten aufblühenden Viehindustrie, in der das wilde und leichte Longhorn nicht länger gewünscht, sondern apathische Fleischrinder bevorzugt wurden, gewann gleichermaßen staatliche Rechtsautorität die Oberhand und löschte in zahllosen Prozessen, die mit Demütigungen, Gefängnisstrafen und Hinrichtungen, aber auch Enteignungen, Schadenersatzurteilen und Bankrotten endeten, den biblischen und für eine Massengesellschaft unpraktikablen Ehrenkodex aus. 1890 war die Ära des Cowboys, die wie ein Blitzlicht die Menschheitgeschichte erleuchtet hatte, beendet. Die letzten Männer, die lieber ein kurzes, aber hemmungslos freies einem langen und reglementierten Leben vorzogen, wurden als spektakuläre Outlaws gejagt und »von der Landkarte gefegt«.

Bemerkenswert an diesen Cowboy-Outlaws ist die Tatsache, daß sie nie Privatleute beraubten, sondern stets Institutionen wie Eisenbahnen und Banken. Ihrem Ehrenkodex entspricht der Umstand, daß die meisten dabei lieber größte Strapazen und Schwierigkeiten auf sich nahmen, als einen Menschen zu töten, und nur wenige erst dann töteten, als sie in die Enge getrieben worden waren.

Was die Erinnerung an den amerikanischen Cowboy in die Dimension der Unvergänglichkeit rückt, ist der Umstand, daß die musisch vielfältig begabten Reiter zahllose Zeugnisse hinterlassen haben, die ein umfangreiches, unverfälschtes Geschichtsbild erlauben: Viele Cowboys haben mit Akribie geführte Chroniken (zum Teil von erheblicher literarischer Qualität) hinterlassen, andere sind als Fotografen mit ihren Ochsenkarren und selbstbeschichteten Platten und Eigenbaukameras den Trails gefolgt und haben eine Unzahl von Fotografien gemacht, vor deren ausgezeichneter Qualität heutige Bildtechniker mit Ehrfurcht stehen. Maler haben Zeichnungen, Skizzen und Gemälde in kaum zu schätzender Anzahl hinterlassen, deren Aussagekraft über Künstlerisches weit hinausgeht. Die Reflexionen der Cowboys werden durch die nicht weniger genauen Chroniken der Pioniere ergänzt und bestätigt.

Indianische Bisonjäger folgten den fliehenden Tieren auch in die Flüsse

Das Töten von Bisons mit Feuerwaffen war ungefährlich, die Tiere reagierten kaum

Links Oglalla-Sioux bei der Beschwörung zur Rückkehr des Bisons, 1875. Der Bison versorgte die Indianer mit allem, was lebensnotwendig war: Fleichs, Kleidung, Felle für das Lager, gegerbtes Leder als Decken oder für Schuhwerk, geölte Bisonkalb-Häute für die Tipis, Bullenhäute für die »Bullboote«, Werkzeuge aus Bisonknochen, Leim aus den Hufen, Decken aus Bisonhaar, Sehnen zum Nähen, Nadeln aus Knochen, Farben aus Blut und Erde. Der Bison stand im Mittelpunkt der Mythologie

Bis zu 150 Bisons pro Tag konnte ein Jäger erlegen. Den Spuren der Jäger folgten die Abhäuter, die es fertigbrachten, einem ausgewachsenen Bison innerhalb von zwei Minuten die Haut abzuziehen

Rechts Buffalo Bill, eigentlich William Frederik Codi, *26.2.1846, †10.1.1917, er war kurze Zeit Pony Expreß-Reiter, dann Soldat. Nach dem Bürgerkrieg versorgte er als Bisonjäger die Küchen der Kansas-Pacific-Eisenbahn, schließlich trat er als Scout in den Dienst der US-Armee und nahm an den Kämpfen gegen die Cheyennes und Sioux teil

Bisonjägergruppe in Texas, 1872

Der Eisenbahnbau im Westen trennte die vier großen Bisonherden im Gebiet zwischen Kanada und Mexiko. Regelmäßige Jagdexkursionen, mit denen die Bahngesellschaften Fahrgäste anlockten, kosteten in den Jahren zwischen 1866 und 1876 etwa 20 Millionen Bisons das Leben. Sie wurden aus den Wagenfenstern abgeschossen

Buffalo Bill (rechts) und der Medizinmann der Sioux »Sitting Bull« während einer Wild-West-Show in Europa. 1883 gründete Buffalo Bill seine berühmte Wild-West-Show, in der er Indianer, Cowboys und Scharfschützen des Wilden Westens zur Schau stellte. Viele sich widersprechende Heldenbiographien beschäftigen sich mit diesem Mann

Von 1872 bis 1874 transportierten die Eisenbahnen 1 379 000 Bisonhäute, 6 752 000 Pfund Fleisch und 32 000 000 Pfund Knochen. Millionen erlegter Bisons blieben unverwertet in der Prärie liegen

Bisonhäute- und Bisonknochen-Markt in Dodge City, Kansas, 1874

Immer wieder versuchten
die Indianer, auf dem Bild ein
Sioux, die verschwundenen
Bisonherden zur Rückkehr
zu beschwören

In den Wintermonaten gingen in den Grassteppen vor allem schwache Rinder und Kälber zugrunde. Von den Cowboys besonders gefürchtet waren die vielen Blizzards

Longhorn-Rind

Rinder-Treck zum Rosebud River, 1891

Kurze Zigarettenpause am Chuckwagen während des Zusammentreibens der Rinder. Der Chuckwagen war der »Küchenwagen« der nomadischen Cowboys. Es war ein vierrädriger Wagen mit einem Halbkastenbett und 4—5 eiförmigen Verdeckstreben aus Brandeisen. An der Rückseite war ein eckiger Kastenschrank angebaut, der Regale und Fächer für die Kochutensilien enthielt. Ein herunterklappbarer Verschlußdeckel diente, waagerecht auf Stützbalken ruhend, als Küchentisch. Unter dem Wagen hing eine mit Kohle, Holz und Büffelfladen gefüllte Rinderhaut. Im Wageninneren befand sich das innseitig geteerte Wasserfaß mit einem Spundloch und einem Auslaufhahn nach außen. Der Chuckwagen wurde von 4 Pferden oder Maultieren gezogen. Auf dem Wagen befand sich Proviant für einen Monat. Der Mannschaftskoch war zugleich Wagenlenker. Ein Chuckwagen versorgte 10—20 Männer

Das letzte Rind nach der großen Dürre

Fleischrind-Verteilung in der Standing Rock-Sioux-Reservation, 1884

Der Brandstempel wird dem Kalb aufgedrückt. Matador-Ranch, Texas, 1882

Cowboys flechten ein Bosal (Pferde-Nasenband zum Zureiten) aus Rohhautstreifen, 1869

Cowboys der Matador-Ranch in Texas kehren am Abend von der Arbeit zurück, 1886. Von 1750 an ist das Wort »Cowboy« für die Begleiter der Rinderherden in Virginia, Carolina und Georgia üblich. Nach 1865, als der Rinderboom einem Höhepunkt zustrebte, entwickelte sich ein besonderer Cowboy-Ehrenkodex: Geld war von untergeordneter Bedeutung, Selbstachtung, Hilfsbereitschaft, persönliche Leistung und Charakterstärke waren wichtig. Diese freie Männergesellschaft wurde auch in späterer Zeit für viele zum Vorbild und Ideal

Der Anführer eines Rinder-Trecks, 1880

Die Gus Johnson's Ranch 1876. So sahen die ersten Anwesen aus

Neger-Cowboy »Blacky« (Deadwood Dick), 1874. 30 % aller Cowboys waren Farbige. Es gab keine Rassenprobleme, nur die Persönlichkeit eines Mannes zählte

Links Schlachthof in Chicago, 1872

Rinderkönig Charles Goodnight, 1871. Der aus Illinois stammende »Cattleman« (Rinderzüchter) teilte sich mi John S. Chisum und George W. Littlefield die Weidegebiete New Mexicos. Rinderzüchter zu sein war nicht nur ein Beruf, sondern eine moralische Einstellung: Achtung vor den Cowboys ob schwarz oder weiß, Ausgewogenheit zwischen Freiheit und Selbstbeschränkung, Toleranz und Ritterlichkeit anderen gegenüber

Links Cowboys der Everet-Ranch in New Mexiko beim Schlachten von Rindern, 1879

Sam Baker und José Chavez von der Lit-Ranch, Texas, 1872. Beide Cowboys tragen langläufige Perkussions-Colts

Links Das Viehdiebpaar »Cattle Kate« Watson und James Averil werden in Wyoming gelyncht. Die Hinrichtung einer Frau empörte ganz Amerika

Rechts oben Als räuberische Apachen in das Haus eines Ranchers bei Globe, Arizona, eindrangen, stellte dieser eine brennende Kerze auf ein Pulverfaß und rauchte genüßlich seine Pfeife

Rechts unten Wenn Tramps, Diebe und arbeitsunwillige Individuen nach Eagle Pass, Texas, kamen, wurden sie kurzerhand auf den »Bisonräumer« der nächsten Mexican Central-Lokomotive festgebunden und bis tief nach Mexiko verfrachtet

Ein Cowboy in seinem »Bett«. Schwerste Regenfälle konnten dem Schläfer nichts anhaben. Oft wachten Cowboys nach einem Blizzard unter meterhohen Schneeverwehungen auf. Die Bettrolle wurde am hinteren Sattel befestigt. Die Abbildung stammt aus der Zeit um 1878

Land im Westen für jeden Amerikaner: Heimstätter

»Nach dem 1. Januar 1863 kam der Pionier im Westen in den Genuß von Landkaufrechten, die er sich seit 1787 gewünscht hatte: Familienoberhäupter oder Personen, die über 21 Jahre alt und Bürger der USA waren, und die nicht mit Waffen gegen die US-Regierung gekämpft hatten, erhielten einen Anspruch auf 160 Acres (65,75 ha, 657 472 qm) Land zur Niederlassung und Kultivierung. Nach fünf Jahren erhielt er eine Eigentumsurkunde, vorausgesetzt, daß er eine Gebühr von 26 Dollar entrichtete.«

Clark, T. C., Frontier America, Seite 725.

Folgende Doppelseite Kakteenlandschaft

Schon das »Vorkaufsrechts-Gesetz« von 1841

(»Preemption Act«) hatte jedem über 21 Jahre alten Bürger der USA das Vorkaufsrecht auf 160 Acre Land zum Festpreis von 1,25 Dollar pro Acre zugesichert, und auf diese Weise waren viele in den Besitz beachtlicher Landgüter gekommen. Das »Heimstätten-Gesetz« (»Homestead Act«) von 1863 gab für viele Pioniere den Anstoß, nach Westen zu wandern und sich dort niederzulassen. Eine Pionierfamilie konnte, wo immer es ihr gefiel, sofort 320 Acres (131,5 ha, 1 315 000 qm) in Anspruch nehmen, weil das Vorverkaufsrechtsgesetz nach wie vor ebenfalls Gültigkeit hatte. Und ab 1873 konnte ein Siedler weitere 160 Acres Land geschenkt erhalten, wenn er auf 40 Acres 10 Jahr lang Bäume pflanzte. Ab 1877 gewährte das »Wüstenland-Gesetz« (»Desert Land Act«) weitere 160 Acres, wenn diese 3 Jahre lang künstlich bewässert wurden. Die Definition »Wüste« war sehr weit gefaßt, sie traf praktisch auf das gesamte Gebiet des Westens zu, selbst auf fruchtbare Flußtäler. Ab 1877 hatte also jeder erwachsene Amerikaner die Möglichkeit, 640 Acres (263 ha, 2,63 Mio. qm) Land überall im Westen nahezu kostenlos zu beanspruchen, sobald er darauf ein Haus erbaute, 5 Jahre Ackerbau betrieb, Bäume pflanzte und bewässerte. Bis 1891 waren diese Gesetzte in Kraft, und dieser Zeitraum genügte, daß der Westen von Heimstättern geradezu überflutet wurde.

2,63 qkm Land fast geschenkt zu bekommen, oder ein Grundstück von 1,622 km Länge und 1,622 km Breite, das bedeutete für jeden Einwanderer, daß er sich nur entschließen mußte, im Westen zu siedeln. Und jeder erwachsene Sohn eines solchen Einwanderers erhielt ein genau gleichgroßes Landstück. Es stellte sich also nicht das Problem der Aufteilung des Eigentums unter die Söhne. Überdies sahen diese Gesetze vor, daß die Heimstätten unpfändbar waren.

Man kann sich vorstellen, was ein solches Landgeschenk für europäische Tagelöhner-Familien bedeutete, die nie etwas anderes gekannt hatten, als daß nur priviligierte Gutsherren und der Adel Land besaßen, und die hart arbeitenden Tagelöhner gerade das Nötigste zum Leben erwerben konnten. Die Verschuldung war oft hoch, der geringe Besitz verpfändet. Viele Generationen hatten unter solchen Bedingungen zu leben, zu arbeiten und zu sterben.

Seit die Eisenbahnen immer mehr Schienen nach Westen verlegten, überschlugen sich die von den Grundstücksmaklern unterstützten Lobpreisungen des

Landes. Überall in den europäischen Auswandererländern erschienen große, bunte Plakate in der Landessprache, die das Land im amerikanischen Westen überschwenglich priesen: das milde Klima, das saftige Gras, auf dem das Vieh den ganzen Winter über weiden konnte, die vorzüglichen Ernten. Unzählige Abbildungen zeigten dieses Land als ein Paradies auf Erden, wo Städte wie Pilze aus dem Boden schossen, mit Heimstätterparzellen umgeben von wogenden gelben Weizen- und Maisfeldern, in denen glückliche Menschen gute Ernten einbrachten, Rinderherden bis zum Bauch im saftigen Gras standen und Wagentrecks von Horizont zu Horizont dem Wunderland entgegenfuhren.

In den amerikanischen Atlantikstaaten erschienen ähnliche Plakate in noch größerer Zahl. Die Zeitungen und Eisenbahngrundstücks-Spekulanten taten das ihrige dazu. In Verbindung mit den phantastischen Berichten über die Gold- und Silberfunde, die selbst dem letzten Gelegenheitsarbeiter Reichtum versprachen, und den nicht weniger phantastischen Berichten über den Bisonboom, den Rinderboom, den Mustang-Fang, den Jagdmöglichkeiten und den Berichten von Heimstättern, die in Europa höchstens einmal im Monat Fleisch essen, sich im Jahr nur ein Paar Stiefel leisten konnten, und die nun praktisch nur eine Schrotladung irgendwohin in die Luft zu ballern brauchten, um — wie im Schlaraffenland — Truthähne, Wildgänse, Wildenten und Rebhühner zu erbeuten, wurden Lebensbedingungen vorgegaukelt, denen kaum jemand, der sich eine Existenz gründen wollte, widerstehen konnte.

Die Tatsache, daß jeder sich jeder Zeit Feuerwaffen kaufen und benutzen konnte, bestärkte die europäischen Einwanderer, die aus einer Gesellschaftsordnung kamen, in der Feuerwaffen allein das Privileg von Obrigkeit und Adel war, in der Überzeugung, daß sie im gleichen Augenblick, in dem sie amerikanischen Boden betraten, von Knechten zu Herren geworden waren.

Zeugnisse und Berichte von armen Industriearbeitern und von Gescheiterten wurden einerseits von den Massenmedien und vom Enthusiasmus überdeckt, andererseits waren die Einwanderer aus den russischen Steppen, den masurischen Sümpfen, den ostpreußischen Lehmböden, der ungarischen Pußta, den kargen Alpenhochtälern, dem schottischen Hochland, dem Heidesand, den Abruzzen, der Sierra Nevada und aus dem sauren Boden der Normandie an die Abhängigkeit von Land, Klima und Obrigkeit gewöhnt. Woher auch immer sie kamen — sie hatten nichts zu verlieren, aber alles zu gewinnen.

Und sie waren voller Glauben an ein besseres Leben und voller Glück über die klassenlose amerikanische Gesellschaft. Sie sahen verschwenderischen Reichtum nicht als eine neue Auflage eines feudalistischen Systems, sondern als Ergebnis gewaltiger Eigenleistungen. Sie glaubten, hier sei das Leben anderen Gesetzen unterworfen, als in der Alten Welt. Die Worte des Senators Clay: »Alle Menschen, die es in der übrigen Welt nicht mehr aushalten und zu uns kommen, sind geborene Amerikaner, noch ehe sie den ersten Fußabdruck auf amerikanischen Boden hinterlassen haben« wurde für die Einwanderer zum Leitstern und Motto.

Als englische Kolonisten flohen sie vor der importierten europäischen Feudalgesellschaft aus den Atlantikstaaten Amerikas und lebten als »wilde

Squatter« in den dichten Wäldern der Appalachen. Sie trugen den Keim des Unabhängigkeitsgedankens in sich. Als Pioniere drangen sie immer weiter nach Westen vor, hoffnungsvoll folgten sie dem »Regenbogen« des »Amerikanischen Traums« bis an sein Ende an die kalifornische Pazifikküste. In der zweiten und dritten Generation wurden aus ruhelosen Pionieren die Heimstätter, die sich auf eigenem Grund und Boden seßhaft gemacht hatten.

Pelzjäger, Pelzhändler, Goldsucher, Holzfäller, Eisenbahnbauer, Bison- und Mustangjäger, Cowboys, Händler und Transportunternehmer hatten den Westen erobert, Heimstätter und Gemeindegründer begannen, das Eroberte zu bewahren. In diesem Bestreben überwanden sie große Entfernungen und versuchten, alle Strapazen und Gefahren zu überstehen. Gebrochene Wagenachsen und Grabhügel sind die symbolischen Zeugen für dieses Wollen. Diejenigen aber, die durchkamen, steckten ihre Meßpflöcke in den Boden, schaufelten Gruben aus, fertigten aus Brettern ihrer Wagen Wände, deckten sie außen mit Grassoden ab und lebten eine Generation lang in halb in der Erde versenkten, primitiven Behausungen. Sie gruben Brunnen und Bewässerungsgräben, pflanzten Feldfrüchte und überstanden Schnee-, Sand- und Staubstürme, Hitze- und Kältewellen, Wolkenbrüche, Krankheiten und Überfälle. Sie meisterten Heuschreckenschwärme, Präriebrände und Dürreperioden.

Viele von ihnen scheiterten und gaben auf. Die hohe Sterblichkeitsraten wurden ausgeglichen durch rasche Wiederverheiratung. Viele Kinder starben, viele wurden wieder geboren: Familien mit 10 Kindern waren keine Seltenheit. Der Mensch und seine Arbeitskraft waren der wichtigste Faktor für das Überleben und für das Schaffen von Besitz.

Die Heimstätter hatten sich gegen Spekulanten und Eisenbahn-Gesellschaften zur Wehr zu setzen. Sie kämpften gegen den Anspruch der freien Rinder-Barone alles Land als Durchzugsgebiet für ihre Viehherden zu benutzen. Sie führten regelrechte Kriege gegen die sich ausbreitenden stationären Großbetriebe der Viehzüchter.

Zu Beginn waren die nomadischen Indianer der Prärie den Neuankömmlingen gegenüber freundlich und hilfsbereit. Sie gaben ihnen Fleisch und Leder und erhielten dafür Gemüse, Zucker, Butter und Tabak. Die Kinder der Siedler wuchsen gemeinsam mit Indianerkindern auf, Krankheiten wurden mit indianischer Heilkunst überwunden.

> »Im Dezember 1620 landeten die ‚Pilger' dort, wo heute Plymouth ist, und erbauten, ohne einen Indianer um Erlaubnis zu bitten, Häuser. Sie machten mit Massasoit, dem Sachem der Wampanoags, einen Friedensvertrag (22. 3. 1621), in dem sich beide Seiten verpflichteten, Friedensbrecher festzunehmen und zu bestrafen. Die Indianer hielten diesen Vertrag vierzig Jahre lang, sie zeigten den Weißen, wie man in ihrem Lande sein Leben fristen konnte, um Nahrung und Schutz für ihre Frauen und Kinder zu finden. Dafür wurden sie als ‚Wilde' beschimpft. Aber immer wieder mahnten die beiden Häuptlinge Squanto und Samoset die erzürnten jungen Krieger zur Geduld.

...Als im Januar 1623 Mister Westons Colony an Hunger zu sterben drohte, mußten sich viele seiner Männer als Diener bei den Indianern verdingen, um Nahrung für ihre Familien zu erarbeiten. Hauptsächlich versorgten sie die Indianer mit Holz und Wasser, wofür sie Mais und Fleisch erhielten. Aber bald stellte sich heraus, daß diese Männer gar nicht für die Indianer arbeiten, sondern nur ihre Vorräte ausspähen wollten, um sie dann zu bestehlen. Als die Indianer sich auf den Friedensvertrag beriefen und die Bestrafung der Diebe verlangten, beschlossen die Weißen, einen von ihnen aufzuhängen, um die Indianer, deren Hilfe sich noch brauchten, zu versöhnen. Nun konnte man sehen, wer die wirklichen ‚Wilden' waren: Der Mann, der hauptsächlich Indianermais gestohlen hatte, war ein großer, gesunder und athletischer Mann. Deshalb wollten sie ihn verschonen, weil er noch von Nutzen für sie sein konnte. Statt dessen wählten sie einen alten Mann, der krank und lahm war und sich vom Weben mühsam ernährte, und der vollkommen unschuldig war, und hingen ihn an seiner Stelle auf. Oh, zeigt mir auch nur einen einzigen Indianer, der so etwas hätte tun können! Ein anderer Akt von christlicher Humanität beging Captain Standish. Er bereitete ein Fest für die Indianer vor, und als diese sich arglos hinsetzten, ergriffen seine Männer die Messer der Indianer, die diese am Nacken auf dem Rücken trugen und stachen sie ihnen ins Herz. Die schnitten dem Häuptling Wittumumet den Kopf ab, steckten ihn auf einen Pfahl an ihrem Fort und dankten Gott für diese Tat, denn sie glaubten, daß es Gottes Wille sei, so zu handeln... Beide Seiten hatten sich im Vertrag verpflichtet, Vertragsbrüchige der Gegenseite auszuliefern, aber die Pilger waren die ersten, die diese Verpflichtung brachen. Ein Indianer beging Verrat an seinem Volk, aber die Pilger verweigerten seine Herausgabe, weil er ihnen nützlich war. Wer hätte dem alten Sachem übelnehmen können, wenn er nach solchen Vertragsbrüchen Krieg erklärt und die Weißen niedergemacht hätte? Er hätte die Macht dazu gehabt, aber er vergab den Weißen und gewährte ihnen weiter seine Hilfe. Wo gibt es ein Volk, das sich zivilisiert nennt, das so etwas getan hätte? So hat Massasoit, haben seine Indianer bewiesen, daß sie christlicher handelten als Christen, und diese Christen haben bewiesen, daß sie die wirklichen ‚Wilden' waren... Als es hieß, daß ein gewisser Tisquantum, einer von Coubantants Männern, von Indianern getötet worden sei — später stellte sich heraus, daß es Coubantant selbst war — überfiel Captain Standish mit vierzehn Pilgern um Mitternacht ein Indianerdorf und machte schlafende Männer, Frauen und Kinder nieder. Kann man solche Menschen als ‚gute und vertrauenswürdige' Menschen ansehen, wie sie es immer verlangen? Ist der Mitternachtsmörder, der heimtückische Mörder ein guter und vertrauenswürdiger Mensch? Ein Christ und Vorbild? Diese Indianer waren vollkommen unschuldig.

Doch wenn Indianer etwas sagen, das die Wahrheit ist, so werden sie als Wilde und brutal bezeichnet.«

William Apes, ein Nachkomme des Wampanoag-Sachems King Philip, 1836

Aber als diese Indianer von immer mehr und immer weiter in ihre Jagdgründe vordringenden Goldsuchern zurückgedrängt wurden, als eine Eisenbahnlinie nach der anderen das Indianerland in immer kleinere Scheiben zerstückelte, als Tausende von Büffeljägern die Bisonherden abschlachteten und Millionen von Rindern die Jagdgebiete durchquerten, als die US-Armee immer neue Fortketten errichtete und zu immer neuen Strafexpeditionen aufbrach, immer mehr Zeltdörfer niederbrannte, Vorräte vernichtete, Frauen, Kinder und Krieger tötete — da änderte sich das Verhältnis zwischen Indianern und Weißen grundlegend.

Die Heimstätter versorgten mit ihren landwirtschaftlichen Erzeugnissen Goldsucherstädte, Eisenbahnerkolonnen, Büffeljäger, Mustangjäger und Soldaten. Damit wurden sie zu Feinden der Indianer. Immer neue Heimstätterparzellen, die im Schutz der Forts, der Eisenbahnen und der Städte hinzukamen, machten das Land für die Indianer unbrauchbar. Die hungernden und ständig auf der Flucht befindlichen Indianergruppen töteten die Siedler und raubten, was ihnen so dringend fehlte.

Für die Heimstätter hatte eine Art Rundumverteidigung begonnen, die sich nicht nur gegen die Indianer, sondern auch gegen alle Weißen richtete, die sie in ihrer Existenz bedrohten. Sie schlossen sich zu weitläufigen Gemeindeverbänden zusammen, gründeten das überregionale »Granger-Movement«, eine Art landwirtschaftlicher Bauernverein, der Agrarwissenschaftler und Rechtsanwälte anstellte, die ihnen immer neue Methoden der Rationalisierung für Ackerbau und Viehzucht, immer neue Erkenntnisse, den Ertrag zu vergrößern, vermittelten und ihre verbrieften Rechte gegen jeden Eingriff von außen vor den Gerichten schützten.

Nachdem die Heimstätter feste Wohnsitze und Gemeinden geschaffen hatten, erlangten sie allmählich die Mehrheit in den meisten Gebieten der Besiedlungsräume. Sie stellten nicht nur die wichtigsten Männer in der Kommunal- und Bezirksverwaltung, sondern auch die meisten Richter, Staatsanwälte und Rechtsanwälte, die meisten Politiker in den Stadtverwaltungen und Parlamenten, sowie die meisten Bundesabgeordneten und Senatoren.

Die zweite Generation der Heimstätter besaß bereits die absolute Mehrheit in ihren Besiedlungsräumen, und nun waren es die Minderheiten der Rinderzüchter, Goldsucher und Prospektoren, der Jäger und Händler, die sich gegen die oft überzogenen Forderungen der starken Farmergruppen zur Wehr setzen mußten. Die Rinderzüchter verloren in einer Reihe von Weidekriegen, die nacheinander den gesamten Weidelandgürtel des Westens erfaßt hatten, jede Auseinandersetzung mit den Siedlern.

Die über Nacht von den hektischen Boom-Begründern erbauten Städte erwiesen sich in der Mehrzahl als vorübergehende Erscheinungen, die sich ebenso rasch wieder in Geisterstädte verwandelten, sobald der Profit sich nicht mehr lohnte. Demgegenüber blieben die von Farmern erbauten und verwalteten Städte krisenfest, stabil und waren in einer eher langsamen, aber stetigen Entwicklung begriffen.

Die Banken im Westen vertrauten den seßhaften Farmern mehr und halfen mit notwendigen Krediten, die schlimmsten Naturkatastrophen zu überbrücken, so daß auch das Risiko der Farmer kalkulierbar war. Für abenteuerliche Profit-Spekulationen wurden sehr hohe Zinssätze verlangt.

Für die US-Armee, deren Rückgrat nach dem Bürgerkrieg sich immer mehr aus freiwilligen Farmer-Söhnen zusammensetzte, die nicht desertierten, wurde der Schutz der Farmer im Westen zur vordringlichen Aufgabe. Es waren hauptsächlich die Farmer und neue Siedler, die das Kriegsministerium in Washington zur Durchsetzung der Reservationspolitik gegenüber den Indianern drängten. Und hinter den Farmern und Siedlern standen die Eisenbahngesellschaften, die aus der ständig steigenden Produktion der Farmer großen Nutzen zogen.

Nachdem das Herdentreiben zum Stillstand gekommen war, begannen sich auch die Gegensätze zischen den Interessengruppen der Rinderzüchter und Ackerbauern abzubauen. Farmer- undRanchervereinigungen lösten ihre Probleme gemeinsam.

Ebenso wie sich in der Rinderzucht Großunternehmen etablierten, geschah dies auch bei den Farmern. Zuerst entstanden in der Kansas-Prärie um 1880 Weizen- und Maisgroßfarmen, die sich bereits um 1900 mit ihren wogenden Feldern von Horizont zu Horizont erstreckten. Dampfgetriebene Pflüge mit 64 Pflugscharen, dampfgetriebene Mähmaschinen, die eine Schneise von 100 Metern Breite in die Felder schnitten, schließlich dampfgetriebene Mähdrescher, aus denen fertige Säcke mit Korn auf der einen Seite und auf der anderen Seite gepreßte und gebundene Strohballen herausfielen, versahen in wenigen Stunden die Arbeit, für die man sonst Hunderte von Erntehelfern benötigt hatte. Diese Mechanisierung der Landwirtschaft und die großflächige Bewirtschaftung lösten einen neuen Boom aus. Zuerst waren es Farmer, die die Feldfruchtbetriebe gewaltig vergrößerten, dann bildeten sich Syndikate von Spekulanten und Aktionären, die die Kleinfarmen ganzer Landstriche aufkauften — wobei oftmals die schon bekannten gewaltsamen Methoden angewendet wurden wie sie auch die Eisenbahngesellschaften, Erzabbaubetriebe und Viehsyndikate pflegten. Die mit viel Kapital und Technik ausgestatteten Großfarmen in Kansas machten diesen Staat zur »Kornkammer« Amerikas.

Nach zwei bis vier Generationen harter Arbeit mußte in der Folge die Mehrzahl der kleinen Farmer aufgeben: Sie wurden Arbeiter in den großen Farmkonzernen, ihre Farmhäuser und Zäune verschwanden, und viele Millionen Nachkommen dieser einstigen Siedler fuhren nun mit Wohnwagen von Ernte-saison zu Erntesaison. Das Angebot an Arbeitskräften wurde immer größer, die Nachfrage immer geringer, die Konkurrenz illegaler mexikanischer Arbeitskräfte immer drückender. Um 1930 gab es in den USA kein »Paradies« für Bauern mehr. Die landwirtschaftlichen Großfarmen besaßen mehr als 90 Prozent der Land- und Viehwirtschaft.

Zwei Meilen von Fort Bridger zweigte der Oregon-Trail in Richtung Fort Hall vom Kalifornien-Trail ab. Die Aufnahme stammt aus dem Jahr 1848

Das Innere des Wagens von Jakob Donner, 1846

Eine kleine Ranch im Texas-Pfannenstiel um 1878

Methodisten-Andacht am Independence-Rock, 1853. Gottesdienste waren in allen Wagentrecks eiserne Regel

Heimstätter der ersten Generation. Die Mauern der Behausung bestanden aus Präriegras-Soden

Links oben Heimstätter in Oklahoma

Links unten Heimstätter in Oklahoma. Die zweite Generation baute die Häuser bereits aus Stein

In der baumlosen Prärie dienten Bisonfladen als Heizmaterial. Etwa eine Schubkarrenladung wurde täglich gebraucht

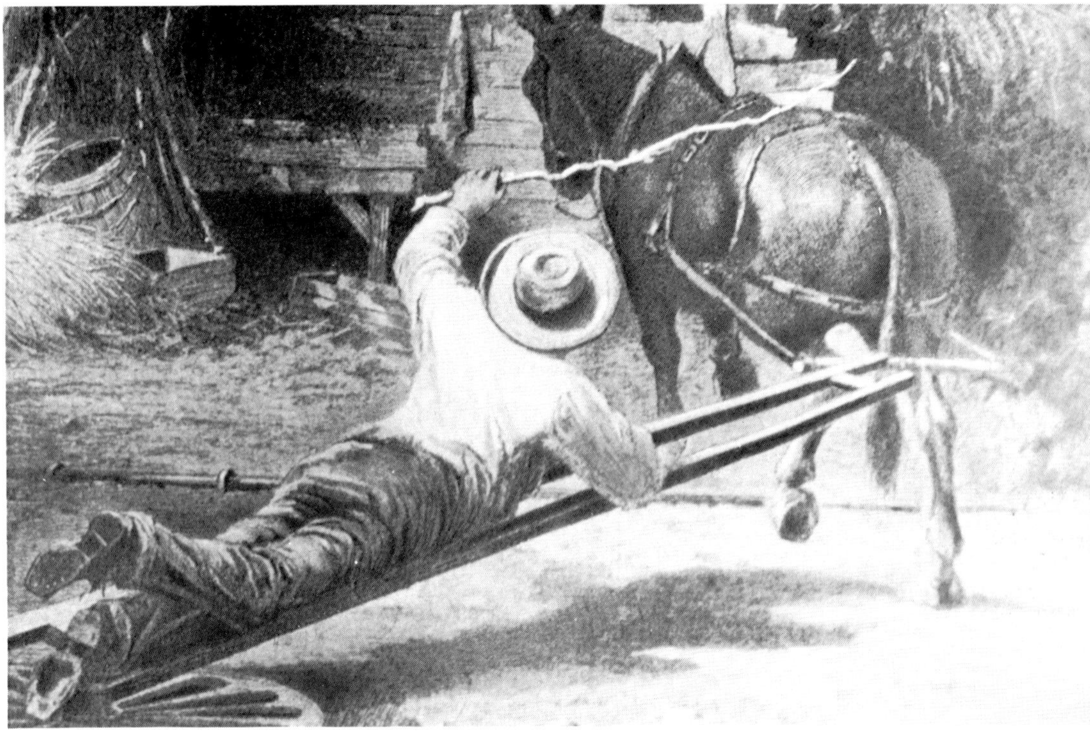

Die erste Kornmühle in der Kansas-Prärie, 1864

In solchen Getreidespeichern wurde der Hafer gelagert. Illinois 1905. Die beladenen Wagen fuhren über eine Holzrampe in das Innere des Silos und wurden dort entladen

Auktion um Landparzellen bzw. Bauplätze in Imperial Valley, Kalifornien

Eine Trodelmarkt in Anadarko, Oklahoma, 1901

Eine Familie beim Kaffeetrinken, Wisconsin um 1900

Baumwollpresse um die Jahrhundertwende

Ranch in Dakota, 1888

Rechts oben Barrington Ranch, Montana, 1888

Rechts Mary McLean

Ein Mädchen stellt das Gewicht eines Topfes eingemachter Himbeeren fest

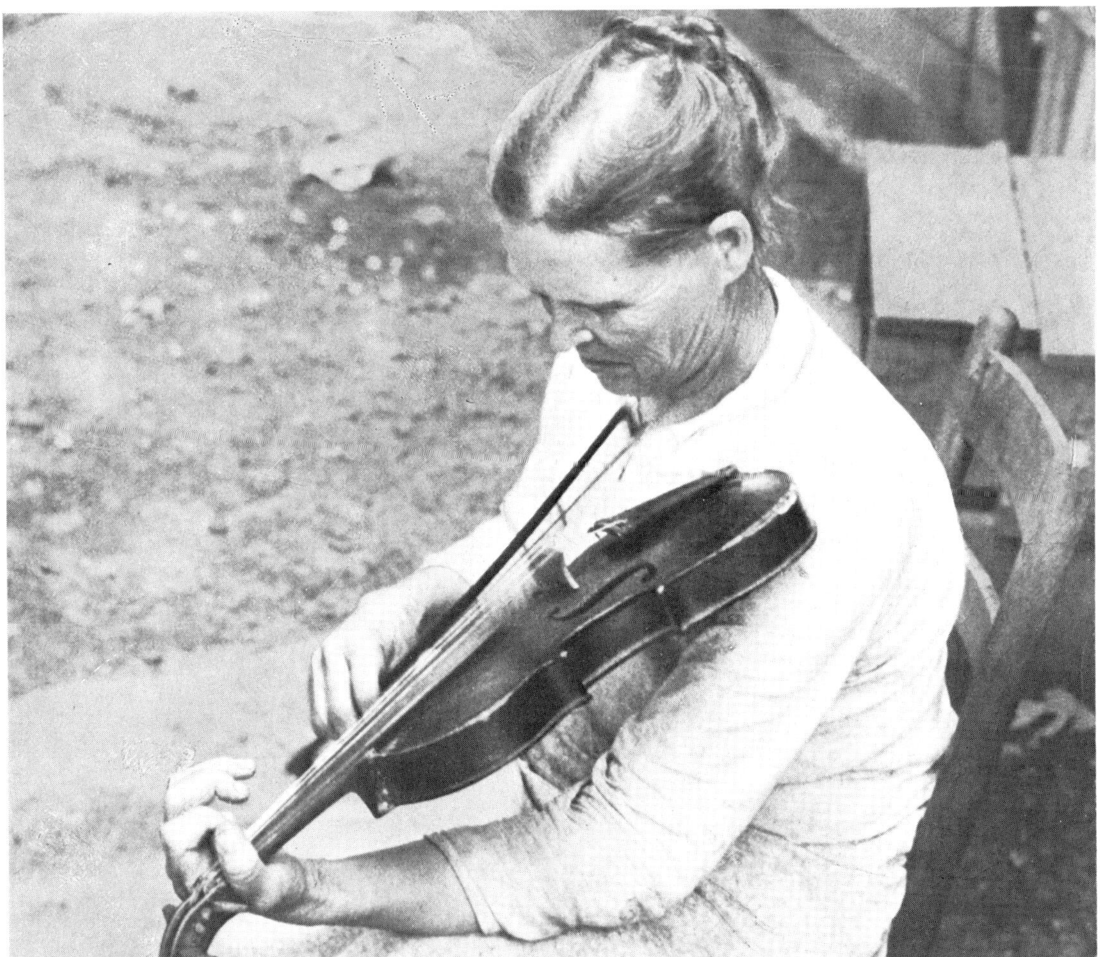

Mennoniten-Begräbnis. Von Deutschland kam diese Gemeinschaft der Taufgesinnten 1683 nach Amerika. Begründet vom Mennon Simons (*1496, †1561) geriet die Bewegung unter den Einfluß Luthers und wandte sich dann der Wiedertäuferbewegung zu. Hauptmerkmale sind Erwachsenentaufe, Eidesverweigerung und ein ethisches Christentum ohne Lehrzucht

Die US-Armee und die Indianerkriege

»Indianer glaubten nicht an ein Leben nach dem Tode, sondern daß der körperliche Tod der Übergang in eine andere Dimension des Lebens sei. Deshalb konnte kein Indianer in den Kampf gehen, ohne sich nicht vorher mit der Möglichkeit dieses Übergangs vertraut zu machen. Das geschah in langen, rituellen Tänzen, in denen er sich auch mit den Gegnern, die er eventuell töten würde, mit den Pferden, die er töten müßte, versöhnte. Häufig dauerten diese Vorbereitungen bis zur totalen körperlichen Erschöpfung. Deshalb waren Indianer nahezu unfähig, einem plötzlichen Angriff mit sofortigem, konzentriertem Handeln zu begegnen. Es gelang ihnen deshalb auch nicht, sich auf einen spontanen Angriff mit Leib und Seele einzustellen. Wenn es irgendwie möglich war, zogen sie sich zurück, um sich vorzubereiten. Und wie bei den Tieren der Wildnis, ließ ein Indianer vom Gegner, der aufgab, ab. Er kannte nur den Augenblickssieg, nicht den Vernichtungswillen der Weißen.«

Jesse Moshulotubbe, Cherokee, am 17. 2. 1932

Folgende Doppelseite Crow-Lager am Little Bighorn, Montana

Nach dem Bürgerkrieg war in den Atlantik-staaten die Abneigung gegen den »Wilden Westen« groß. Man fühlte sich als Opfergänger der Nation, die die nationale Einheit in einem furchtbaren Bruderkrieg, der schwerste Wunden geschlagen hatte, erstritten hatten, während im Westen die »Wilden« ziemlich unbehindert ihren Geschäften nachgingen. Immer mehr Stimmen regten sich, die auf die Regierung moralischen Druck ausübten, das Indianerproblem human zu lösen, allen voran die Großgemeinde der Quäker. Die Art, wie man noch vor gar nicht langer Zeit das eigene Indianerproblem »gelöst« hatte, schien vollkommen vergessen zu sein: die Zerschlagung der Irokesen-Föderation, die haarsträubende Vertreibung der fünf Zivilisierten Nationen, die Dezimierung der Huronen, Delawaren, Sauk und Fox, Wampanoags, Miamis, Shwanees und Ottawas, die totale Ausrottung der Narragansetts, Manhattans und Pequots und die Vernichtung zahlloser kleinerer Stämme. Es gab keine Indianer mehr, man hatte keine Probleme mit ihnen. Die paar kleinen Reservationen, die man eingerichtet hatte, waren niemandem im Wege. Die Atlantikstaaten hatten für die Zukunft Amerikas alles hergegeben, was sie glaubten hergeben zu können, man war von Stolz über den heldenhaften Waffengang mit dem Süden erfüllt, man deckte nachträglich Schreckliches aus Südstaaten-Gefangenenlagern auf und henkte die Schuldigen, man vergaß geflissentlich, daß es ähnlich Schreckliches auch auf der eigenen Seite gegeben hatte. Man war der Sieger, feierte diesen Sieg, war dem Süden gram, daß er Präsident Lincoln ermordet hatte, man war dankbar dafür, daß der Westen die demobilisierten Soldaten und arbeitslosen Fabrikarbeiterheere aufnahm — aber man neigte immer mehr zu der Überzeugung, daß jetzt die Zeit gekommen sei, allen übrigen Amerikanern und solchen, die es im Westen noch werden wollten, die Gebote christlicher Nächstenliebe beizubringen. Zeitungsschreiber aus den Oststaaten berichteten von den Orgien und Exzessen, die sich in den Goldgräberstädten, Holzfällercamps, Eisenbahnstädten und im Rinderland Texas abspielten.

»Ein Frachtunternehmer, der von Fort Laramie nach Fort Collins, Colorado, kam, berichtete, daß ihm die Sioux gerade Fracht im Wert von 12 000 Dollar gestohlen hätten. ‚Wenn ihr irgendjemanden trefft, der Frieden mit den Indianern machen möchte, schlagt ihn in meinem

Namen zusammen', schrieb er aufgebracht. ,Die Truppen in diesem Lande machen einen armseligen Versuch, Indianer zu bekämpfen.' Dies fand die volle Zustimmung der Montana-Presse. Warum Millionen verschwenden, um damit unwirksame, unbewegliche Truppen auszurüsten, ,die von ihrem Geschäft nicht mehr verstehen als ein alter Politiker von Ehrlichkeit'. Warum soviel Aufwand, ,wenn es mehr als genug Bergpioniere gab, die nur darauf warteten, daß was passiert?' Die Meinung, daß solch eine Form von Privatinitiative, die Absicht, die Indianer zu kontrollieren schneller und billiger wäre, war damals im Westen weit verbreitet. Zeitungen zwischen Idaho und Arizona empfahlen den Einsatz von örtlichen Freiwilligen. Ortskundige, von einem Skalppreis von 100 Dollar angesport, würden innerhalb von fünf Jahren einen Indianer zur Seltenheit machen. Und obendrein wäre das auch noch die billigste Methode. Manche Schätzungen besagten, daß jeder getötete Indianer die Regierung etwa 10 000 Dollar kostete. Warum nicht mit dortigen Jungens über diesen Job einen Vertrag abschließen. Im Interesse von ,Wirksamkeit' und ,Wirtschaftlichkeit' empfahlen es die Männer in den Plains und in den Rockies. Ein Omaha-Redakteur machte ,diese infame schwachsinnige, beharrliche, verbissene, verdammenswürdige Nichtachtung der Interessen des Westens' für wachsende Kriminalität verantwortlich, er forderte die Bevölkerung auf, sich im Protest gegen den Kriegsminister Stanton zu vereinigen, ,diesen verderblichen, stumpfsinnigen Potentaten des Kriegsministeriums, der auf seinem gepolsterten Stuhl sitzt und klammheimlich seinen eigenen unseligen politischen Ehrgeiz pflegt, während die großen Interessen des Westens vernachlässigt, verschmäht und bespuckt werden'.«

Athearn, R. G., William Tecumseh Sherman, Seite 29 f.

90 Prozent der Kriegstruppen waren entlassen worden. Diese Veteranen, unter ihnen zahllose hohe Offiziere und Generäle, die wieder zivilen Tätigkeiten nachgingen, behaupteten — nicht ganz zu unrecht — daß sie, die Bürger, es waren, die den Krieg getragen und gewonnen hatten, nicht das kleine Häuflein von Berufssoldaten, die nun im Westen ihr Glück machten.

William Tecumseh Sherman, der Oberkommandierende der Schrumpfarmee im Westen, hatte es schwer. Er sollte es allen recht machen — die politischen Interessen des Präsidenten, des Kabinetts, des Abgeordnetenhauses und Senats vertreten, die ökonomischen Interessen der Eisenbahnen, die Sicherheitsinteressen der Westwanderer im Auge behalten, die philanthropischen Ausführungen der Ostpresse beachten und die nahezu gegensätzlichen Interessen des Bureau of Indian Affairs und der US-Landoffice ausgleichen, aber auch seine Offiziere zufriedenstellen (dies erregte wieder den Unmut der Soldaten).

Das Indianerproblem, wie es sich auf den Landkarten darstellte, schien einfach zu lösen. Die nördliche Prärie wurde von den Sioux-Stämmen, die mittlere Prärie von den Cheyennes und Arapahoes, die südliche Prärie von den Kiowas und Comanchen belästigt, und in New Mexico und Arizona bildeten die zahllosen Banden der Apachen eine Bedrohung.

Nachdem man in Washington für diese Stämme in den betreffenden Regionen die Reservationen festgelegt hatte, wandte sich Sherman zunächst den Sioux zu. Es galt, den Bau der Union Pacific-Eisenbahn und den Bozeman Trail zu den Goldfeldern Montanas zu sichern.

Im Mai 1866 tagte in Fort Laramie eine große Friedenskommission, deren Aufgabe es war, die Sioux-Häuptlinge mit Geschenken und Versprechungen dazu zu bewegen, die Eisenbahn und den Bozeman Trail in Ruhe zu lassen und zur Sicherung des Bozeman Trails den Bau von drei Forts zu gestatten. Noch während man redete, begann die Armee mit dem Bau des ersten Forts, Phil Kearny, und der Sioux-Anführer Red Cloud rief zum Krieg auf. Am 21. 12. 1866 machte Red Cloud seine Drohung wahr: Er vernichtete eine Truppe von Captain William J. Fetterman (81 Soldaten und 2 Zivilisten) bis auf den letzten Mann und griff laufend die mit dem Bau der Forts beschäftigten Truppen an. Er sperrte den Bozeman Trail und drohte, den Bau der Eisenbahn lahmzulegen.

Im mittleren Prärieabschnitt erhielt General Hancock, dem Lieutenant-Colonel George Armstrong Custer zugeteilt war, den Auftrag, die Cheyennes zu »befrieden«. Das »Fetterman-Massaker« machte es ihm leicht, rücksichtslos vorzugehen: Im April 1867 vernichtete er am Pawnee Fork die Cheyenne-Dörfer mit allen Wintervorräten und Reservepferden. Die Cheyennes gaben in der Mehrzahl auf und erklärten sich im Friedensvertrag von Medizine Lodge (16. 10. 1867) bereit, eine Reservation in Oklahoma zu akzeptieren. Ein geringer Teil zog es vor, weiter zu kämpfen.

Während die US-Armee den Sioux gegenüber im Norden nachgab und die drei neu errichteten Forts Phil Kearney, C. F. Smith und Reno aufgab und den Bozeman Trail für den Überlandverkehr sperrte, machten die übriggebliebenen noch freien Cheyennes am 17. 9. 1868 einer kleinen US-Truppe während eines Angriffs im »Beecher Island Fight« schwere Sorgen. Daraufhin überfiel Lieutenant-Colonel Custer im November in einem überraschenden Winterangriff die letzten Cheyenne-Dörfer am Washita River, machte Frauen, Alte und Kinder nieder, zerstörte sämtliche Habe und führte die Überlebenden in eine Reservation bei Fort Cobb.

Im gleichen Monat wurde dem siegreichen Red Cloud für alle Sioux-Stämme das gesamte Gebiet westlich des Missouribogens »auf ewige Zeiten« in einem neuen Friedensvertrag zugesichert, womit vorerst der zügige Ausbau der Eisenbahn gesichert war. Im Frühjahr 1869 marschierte Custer im südlichen Prärieabschnitt auf. Ein zweites Washita-Massaker wollten die Kiowas und Comanchen nicht riskieren. 2 000 Kiowas und 2 500 Comanchen ergaben sich und wurden in eine Reservation bei Fort Sill gebracht, wo eifrige Quäker ihnen den Maisanbau beibrachten. Einzelne Banden versuchten dem Hunger in der Reservation zu entgehen und Bisons für ihre Familien zu jagen. Sie fanden keine mehr. Ihr »Ausbruch« war illegal, sie wurden gejagt und gefangen, ihr Häuptling Satank erschossen, ihre Anführer Lone Wolf und Satanta zum Tode verurteilt, eingesperrt, 1873 aber wieder freigelassen.

Der Feldzug General Crooks gegen die Apachen (1872/73) endete mit dem Einzug der Apachen in eine Reservation, aber die Lebensbedingungen waren hier so entwürdigend, daß Ausbrüche geradezu provoziert wurden.

Als immer mehr Weiße den Sioux-Friedensvertrag von 1868 brachen, suchte Red Cloud nicht den Kampf, wie General Sherman es erwartet hatte, sondern der Sioux unternahm einen spektakulären Friedenskreuzzug in die Atlantikstaaten. Seine Anklage und Darstellung des Unrechts der Weißen wurde zum Anlaß schwerer Beschuldigungen gegen den Präsidenten, das Kriegsministerium, das Bureau of Indian Affairs und der US-Armee genommen. Inzwischen aber hatte die Regierung einen großen Teil des den Sioux auf »ewige Zeiten« zugesicherten Landes als Schenkung an die Northern Pacific Railroad vergeben. Und diese wiederum hatten sich dieses Land von Tausenden von Siedlern bereits bezahlen lassen. Man rechnete nach allen bisherigen Erfahrungen mit einem Siouxaufstand, den man dann blutig hätte niederschlagen und im nachhinein die Landnahme durch einen neuen »Vertrag« sanktionieren hätte können. Aber die Friedensoffensive Red Clouds machte alle diese Spekulationen zunichte, der Bau der Northern Pacific stockte, das eingesetzte Kapital war gefährdet, die Krise erschütterte die ganze USA.

Nachdem alle Versuche, die Sioux zum Aufstand zu provozieren, fehlgeschlagen waren, brach George A. Custer im Juli 1874 mit einer großen Armee-Expedition ins Sioux-Gebiet ein, marschierte zu den geheiligten Black Hills, um dort — Gold zu finden. Eilkuriere brachten diese Nachricht unverzüglich nach Osten, die Presse heizte die Stimmung an. Während des Rückmarsches der Truppen wurden keine Indianer gesehen. Während nach allen Regeln der Voraussicht nun der allgemeine Run auf die »vergoldeten« Black Hills einsetzte, und diese von Tausenden von Goldsuchern und Prospektoren besetzt wurden, bereitete im südlichen Prärieabschnitt Colonel Ronald S. Mackenzie den Schlag gegen die restlichen unbotmäßigen Quahadi-Comanchen vor. Im Herbst 1874 wurden sie und die restlichen Kiowas im Palo Duro Canyon des »Pfannenstils« von Texas vernichtend geschlagen. Die Überlebenden brachte man in die Oklahoma-Reservation.

Als Red Cloud seine Vertragbruchs-Klage in den Atlantikstaaten vorbrachte und den Großen Weißen Vater und seine Soldaten der Lüge, des Betrugs und des Raubs beschuldigte, stellte sich nahezu die gesamte Ostpresse auf seine Seite und brachte Regierung und Militärs in schlimme Bedrängnis. Im Juni 1875 versuchte man, Red Cloud die Black Hills abzukaufen. Aber Red Cloud verlangte einen hohen Preis. Die Kaufverhandlungen scheiterten. Mitten im harten Winter 1876, als durch den Stopp des Eisenbahnbaus eine nationale Wirtschaftskatastrophe drohte, forderte man die Sioux auf, unverzüglich eine Reservation aufzusuchen. Jeden Sioux, der sich dem »Befehl wiedersetzt« würde »man als feindlichen Indianer betrachten«. Selbst wenn die Indianer gewollt hätten, so hätten sie diesem »Befehl« in dieser Jahreszeit nicht nachkommen können, ohne daß mehr als die Hälfte der Menschen in Gefahr gerieten zu erfrieren. Aufgrund dieser »Befehlsverweigerung« begannen die Generäle Terry und Crook und

Colonel Reynolds mit 3 großen Armeegruppen, die Sioux im Frühjahr 1876 einzukesseln: Am 17. 3. 1876 gelingt es Colonel Reynolds mit Mühe, der Vernichtung zu entgehen. Am 17. 6. 1876 verliert General Crook am Rosebud eine Schlacht gegen den Oglalla-Sioux Crazy Horse. Am 26. 6. 1876 wird ein Teil des 7. Kavallerieregiments unter Custer am Little Bighorn bis auf den letzten Mann durch Sitting Bulls Hunkpapa-Sioux vernichtet.

Der Sieg der Sioux über die illegal in ihr Gebiet eingedrungene US-Armee ist der vollständigste in der Geschichte des Westens, den die Indianer je errungen haben. Sitting Bull flieht danach mit seinen Kriegern und deren Familien nach Kanada. In einem wütenden Gegenschlag wird Crazy Horse von der Armee geschlagen, gefangengenommen und erstochen. Sein Stamm wurde in eine Reservation transportiert. Dies war das Ende der Indianerkriege in den Prärien. Alle Stämme waren geschlagen und in Reservationen geschickt worden. Die Sympathien der Atlantikstaaten für die Indianer schlug nach dem »Custer-Massaker« ins Gegenteil um. Erst viel später wurde bekannt, daß es sich um ein Komplott wirtschaftlicher und militärischer Interessengruppen gehandelt hat, und Custer mit seinen Soldaten geopfert worden war, um diesen Meinungsumschwung herbeizuführen, die Wirtschaftskatastrophe abzuwenden, den Bau der Eisenbahn wieder aufzunehmen und alle Probleme, die Red Clouds Friedensfeldzug heraufbeschworen hatte mit einem Schlag zu beseitigen.

Im Juli 1877 verbannte man die den USA seit 50 Jahren loyal ergebenen Nez Percé im Nordwesten ohne jeden ersichtlichen Grund in eine andere, kargere Reservation. Als sich ihr Häuptling Joseph entschloß, mit 250 Kriegern und 450 Frauen und Kindern nach Kanada zu fließen, bot die Armee vier Truppenkontingente von insgesamt 5000 Soldaten auf, sie daran zu hindern. In einem strategisch brillanten Rückzugsmanöver schlugen die Nez Percé diese Truppen in 5 Schlachten. 54 Kilometer vor der kanadischen Grenze wurden die überlebenden 87 Krieger und 254 Frauen und Kinder von General Nelson Miles mit einer neuen Armee gestellt und Chief Joseph gab entmutigt auf. Er wollte »nie wieder kämpfen«. Eine der größten im Detail faßbaren Indianertragödien.

Als 1878 die verhungernden Cheyennes unter Little Wolf und Dull Knife mit ihren Familien aus der Reservation ausbrachen, wo man ihnen bedeutet hatte, daß sie »Gras fressen sollen«, wurde ein gewaltiger Truppenaufmarsch inszeniert, um eine Handvoll fliehender Indianer zu stellen. Die wenigen Überlebenden gaben schließlich auf.

Ähnliche entwürdigende Reservationsbedingungen veranlaßten den Apachen-Anführer Geronimo 1881 zum Ausbruch und zu zahllosen Kleinraubzügen in New Mexico, Arizona und Mexiko. General Crook gelang es mit Hilfe von Apachen-Scouts, Geronimo 1886 zur Aufgabe zu zwingen. Man inhaftierte die überlebenden Apachen in Fort Marion in den Florida-Sümpfen.

1888 breitete sich unter den Reservations-Indianern des Westens der »Geistertanzkult« aus, in dessen rhythmischen Trance-Tänzen die Wiederkehr des Bisons, das Verschwinden der Amerikaner und das Erstarken des Roten Mannes beschworen wurde. Als auch die Reservations-Sioux sich 1890 zu diesem Tanz versammelten, ließ General Miles Sitting Bull, der gegen Zusicherung eines »ungefährdeten Lebens« aus Kanada zurückgekehrt war, ermorden, und die erschöpften Geistertänzer unter ihrem Häuptling Big Foot am 28. 12. 1890 am Wounded Knee zusammenschießen. Das war das letzte Indianer-Massaker im Westen.

Insgesamt werden die Verluste der Indianer in allen Indianer-Kriegen auf ungefähr 400 000 Tote gesätzt. Die US-Armee verlor in diesen Kämpfen von 1790—1891 2282 Soldaten.

Crow-Kriegshäuptling. Die Krähenindianer waren ein Stamm der Sioux-Familie. Im 19. Jahrhundert galten sie als einer der mächtigsten Stämme in Montana. Den Amerikanern waren die Crows freundlich gesinnt. So erhielten sie sehr bald Feuerwaffen. Indem sie andere Stämme immer in Kämpfe verwickelten, hatten die weißen Siedler Ruhe. Die US-Armee bediente sich gern der Hilfe der Crow-Späher

Spähtrupp der Crows. Dieser Stamm befand sich fast ununterbrochen mit anderen Sioux-Stämmen und den Cheyennes, Arapahoes und Blackfeets im Kriegszustand. Die Crows unterrichteten die US-Armee über bevorstehende Aktionen anderer Sioux-Stämme und der Cheyennes. So konnte die US-Armee den überraschenden Angriffen dieser Indianergruppen wirksam begegnen

Sauk und Fox-Indianer-Delegation in Washington. Stehend mit erhobener Hand Commissioner Lewis V. Bogey, daneben Häuptling Keokuk, der von der amerikanischen Macht und Stärke so beeindruckt war, daß er jede Auseinandersetzung vermied. Er starb in der Kansas-Reservation

Links oben Crows auf dem Kriegspfad beobachten von einem Hügel aus den Feind

Links Ein Crow-Häuptling (rechts) mit seinen Beratern

Crow-Häuptlinge Black Foot, Long Horse, White Calf (von links nach rechts)

Überlebende des Sioux-Massakers von Neu-Ulm, 1862. Unter Little Crow rebellierten die Sioux in Minnesota. Die Schlacht am Wood Lake kostete der Armee 113 Tote

General William Tecumseh Sherman, Oberkommandierender in den Kämpfen gegen die Sioux. Er prägte den Satz »Nur ein toter Indianer ist ein guter Indianer«. General Shermans Winter-Feldzüge trafen die Indianer schwer. Sie waren es nicht gewohnt, im Winter zu kämpfen, die Kälte machte sie kampfunfähig

Cheyenne-Polizei. Die Verluste der Indianer in den Kämpfen mit den Weißen waren schließlich so hoch, daß sie sich in eine Reservation nach Oklahoma bringen ließen. Dort wurde eine Indianer-Polizeitruppe aufgestellt, die für Ruhe und Ordnung zu sorgen hatte

General Philip Sheridan. 1868 forderte er die Cheyennes zur bedingungsloser Kapitulation auf

Red Cloud, 1894. Oberhäuptling der Oglalla-Teton-Sioux, der zwischen 1865 und 1868 den großen Kampf der Sioux-Indianer gegen die Landnahme der Weißen führte. Er reiste im Osten der USA von einer Versammlung zur anderen und machte so die Öffentlichkeit auf die Probleme seines Volkes aufmerksam.
In mehreren Kämpfen (1865 Crazy Woman Creek, Wyoming; 1865 Tongue River, Wyoming; 1866 Fetterman-Massaker; 1867 Hayfield, Montana) hatte die Armee 154 Mann Verluste. 1888 unterzeichnete Red Cloud in Fort Laramie einen Friedensvertrag mit den USA

Two Moons, Kriegshäuptling der Cheyennes. Einer der Anführer in der Schlacht am Little Bighorn, 1876, in der G. A. Custer mit Einheiten der 7. Kavallerie aufgerieben wurde. Die Cheyennes zählten zu den großen Prärie-Reiterstämmen. Sie verbündeten sich mit den Sioux und Comanchen gegen die Weißen. Mit den Cowboys hatten sie anfangs ein relativ gutes Verhältnis, erst als der Besiedlungsdruck zu groß wurde, kam es zu blutigen Auseinandersetzungen

1868 wurde ein Cheyenne-Dorf am Washita, Oklahoma, überfallen. 101 Cheyennes kamen ums Leben, darunter Frauen und Kinder. Die Armee verlor einen Offizier und 19 Soldaten. Diesem Kampf ging eine Reihe von Gefechten voraus: 1864 besiegte Kit Carson die Cheyennes, Comanchen und Kiowas bei Adobe Walls in New Mexico. Im selben Jahr vernichtete Colonel J. M. Chivington im Sand Creek Massaker zwei Indianerdörfer. 1865 nahmen die Cheyennes dafür Rache und ermordeten 108 weiße Zivilisten. Roman Nose vernichtete in der Platte Bridge-Schlacht, Wyoming, eine Armeeinheit unter Mayor Collins. In der Beecher-Island-Schlacht am Arickaree River wird Mayor Forsyth belagert, Armeeverluste: 23 Tote. 1876 brachte Colonel Ronald McKenzie am Palo Duro Canyon, Texas, den vereinigten Comanchen, Kiowas, Arapahoes und Cheyennes eine entscheidende Niederlage bei. Die Indianer wurden in Reservationen gewiesen

Rechts
Cheyenne-Häuptling Little Bear

US-Kavallerie bringt während eines Gefechts mit Indianern einen verwundeten Kameraden in Sicherheit

Cheyennes beobachten in der Reservation das Abschlachten von Vieh und erwarten die Zuteilung von Fleischrationen. 1876 versuchten die Cheyennes aus der Reservation auszubrechen. General Merritt und Lieutenant F. S. Sibley jagten sie zurück. Ein neuer Ausbruchsversuch aus der Oklahoma-Reservation wurde 1878 von der Armee am Sappa Creek verhindert, 1879 wurde Häuptling Dull Knive mit den letzten Cheyennes bei Hat Creek Bluffs zusammengeschossen

Cheyenne-Scouts

Cheyenne-Scouts im Dienst der US-Armee. Rechts vorne Lieutenant Casey.
Die Armee bediente sich gerne der Indianer. So besiegte 1868 General Eugene
A. Carr bei Summet Springs, Kansas, ein Dorf der Cheyennes mit Hilfe
von 150 Indianer-Scouts

Von links nach rechts: General Merritt, Sheridan, Crook, Forsyth, Custer

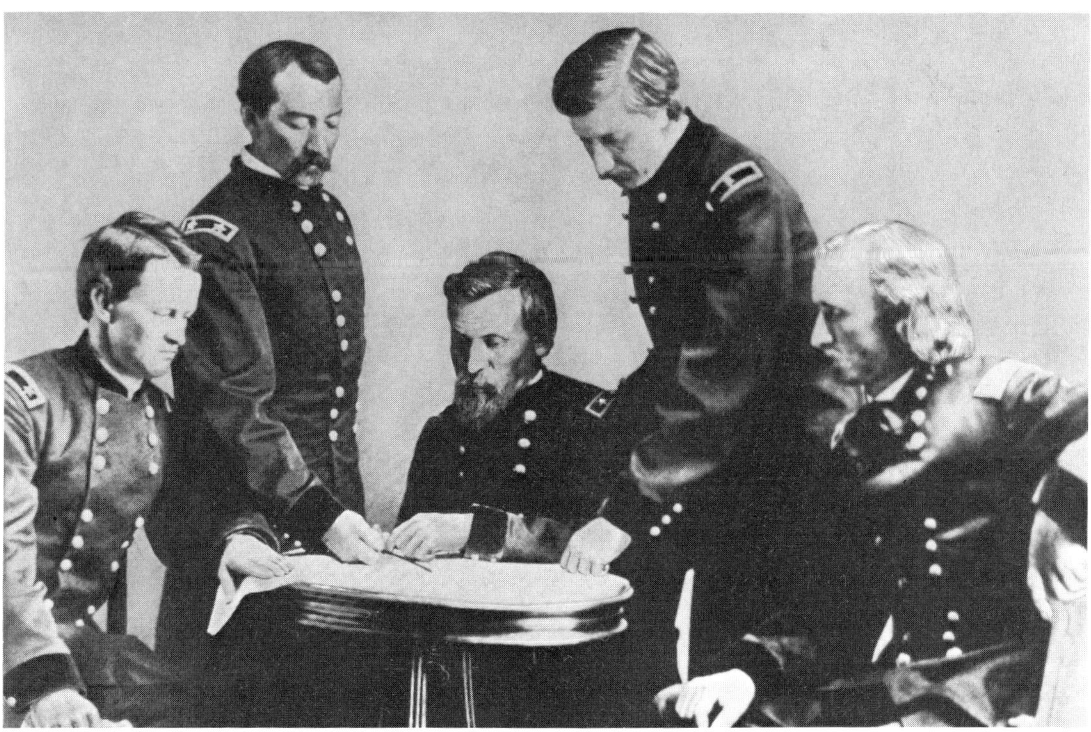

Skalpierter Händler in der Steppe. Mit «Skalp« bezeichnet man ein Stück behaarter Kopfhaut, das Indianer besiegten lebenden oder toten Feinden abnahmen, um den Sieg zu beweisen und im Jenseits den Besiegten als persönlichen Sklaven um sich zu haben. Das Skalpieren war ursprünglich nur im Nordosten Amerikas verbreitet. Die Engländer zahlten im Kampf gegen Frankreich den alliierten Indianerstämmen für jeden getöteten Feind Skalpprämien. Später haben diesen Brauch auch die Prärieindianer und zum Teil die Weißen übernommen. Das Skalpieren verlief wegen des hohen Blutverlustes meist tödlich. Es wurde die Kopfhaut in der Größe eines Fünfmarkstückes abgeschnitten, manchmal aber auch ein Großteil der ganzen Kopfhaut. In Einzelfällen sollen Skalpierte die Prozedur überlebt haben

Sioux-Delegation in Washington, 1872. Der Indianer Red Cloud sprach auf öffentlichen Veranstaltungen und klagte die USA des Vertragsbruchs an. Er hatte die öffentliche Meinung auf seiner Seite, Regierung und Armee kamen in große Verlegenheit. Wenig später begannen die von den USA produzierten Kämpfe um die Black Hills (Rosebud, Little Bighorn), in denen die Indianer siegten. 1890 aber lösten die USA das »Siouxproblem« mit dem Massaker am Wounded Knee

Henry B. Carrington. Er erbaute Fort Phil Kearney 1866 gegen die Sioux. Unter seinem Oberkommando wurde im selben Jahr eine 86 Mann starke Abteilung, geführt von Captain Fetterman, von den Sioux unter Red Cloud vollständig aufgerieben

Transport-
schiff
der US-Armee
am Yellow-
stone, 1876

In den Black Hills während des Sioux-Feldzuges

Links außen Crazy Horse, Kriegshäuptling der Oglalla-Sioux, *um 1840, †1877 (bei einem angeblichen Fluchtversuch in Fort Robinson erschossen). Er war einer der berühmtesten Indianerstrategen: 1876 hinderte er General Crook und 1300 Soldaten, weiter in Sioux-Gebiet einzudringen. Crook verliert eine Schlacht am Rosebund River. Am Little Bighorn rieb er Custers Truppe auf. General Nelson A. Miles konnte sich nur durch massiven Artillerieeinsatz retten. 1877 wurde Crazy Horse an Tongue River von General McKenzie besiegt, überfiel aber wenige Tage später dessen Lager. Hunger, Durst und Erschöpfung ließen aber schließlich die Lage der Indianer hoffnungslos erscheinen — Crazy Horse ergab sich 1877 mit seinen Kriegern und wurde in Fort Robinson interniert

Links G. A. Custer, der 1876 am Little Bighorn vernichtend geschlagen wurde

Satank, Häuptling der Kiowa-Apachen. 1840 handelte er für Comanchen, Kiowas, Cheyennes und Arapahoes einen Friedensvertrag aus. 1871 wurde er verhaftet. Er sang auf dem Transport seinen Todesgesang, erschoß einen Soldaten und wurde selbst erschossen

Fort Keogh, 1878. Forts dieser Art waren US-Garnisonen, die in Kriegs- und Aufruhrzeiten im Westen mit Palisaden und Wachtürmen umgeben waren, mit dem Vordringen der Besiedlung aber meistens aus weiträumig auseinanderliegenden Gebäuden ohne Wehrzäune bestanden. Manche der Forts gingen aus ehemaligen Pelzhandelsplätzen hervor

General Georg Crook. 1871 übernahm er das Oberkommando im Apachenfeldzug. Er versprach, keine Ausrottungsfeldzüge zu unternehmen und vermied in seinen sorgfältig geplanten Winterfeldzügen unnützes Blutvergießen

General Custers Aufmarsch in den Black Hills 1874

So wurden »Rote Vagabunden« in den Texas-Forts wegen »Diebstahls von Brot« bestraft

Der Kavallerist William Zahn, Soldat der Kompanie G des 17. Infanterieregiments, führte Tagebuch über die Expedition in die Black Hills

Indianer-Scouts führen eine Abteilung der US-Armee

»Big Bad« Pourier, der beste Scout in General Crooks Armee

Die Chiricahua-Apachen Geronimo (links zu Pferd), *1829, †1909, und Naiche auf dem Kriegspfand (rechts Geronimos Sohn). Geronimo widersetzte sich immer wieder den Geboten der US-Regierung und floh in die Berge. 1886 kapitulierte er mit 39 überlebenden Apachen, nachdem er jahrelang von mehr als 5000 Soldaten gejagt worden war. 1903 konvertierte er zum Christentum. Er ist in Fort Sill begraben

Rechts oben Zwei Arizona-Scouts nageln die Skalp-Trophäen ihrer Skalpjagd zum Trocknen an die Wand ihrer Hütte

Rechts unten Ein von Häuptling Victorios Apachen ermordeter mexikanischer Schafhirte, Arizona

Eine Gruppe von Apachen-Scouts, die gegen Geronimo eingesetzt wurden

Navaho-Scouts, 1881

Der Nachschub für den Krieg gegen die Sioux rollt

General Miles in der Pine Ridge Agency, 1891, nach der Kapitulation der Sioux

Kavalleristen 1885, Fort Wingate, Arizona

US-Artillerie in Pine Ridge, 1891, nachdem die Sioux besiegt worden sind

General Nelson A. Miles, Gegner des Nez Percé-Häuptlings Joseph. 1880 ließ er Sitting Bull während des Geistertanzes verhaften und löste die letzten Aktionen gegen die Sioux aus. Mit dem Massaker am Wounded Knee war der letzte Widerstand gebrochen

Rechts außen Mayor Marens Reno. Es kommandierte drei Kompanien in der Custer-Schlacht am Little Bighorn gegen die Sioux, 1876.

Joseph, Häuptling der Nez-Percé, *1840, †1904. 1877 führte er in 11 Wochen seine Gruppe (250 Krieger und 450 Frauen, Alte und Kinder) kämpfend etwa 1600 Meilen in Richtung Kanada durch 4 US-Armee-Gruppen hindurch. Er kapitulierte eine Tagesreise vor der Grenze. Josephs letzte Worte nach der Kapitulation 1877 an die Weißen waren: »Unsere Häuptlinge sind tot, die besten unserer jungen Krieger sind tot, unsere alten Männer, viele Frauen und Kinder sind tot. Die Überlebenden werden erfrieren, wir haben keine Decken, keine Nahrung, keine Munition mehr. Ich möchte Zeit haben, nach meinen Kindern zu suchen und sehen, wieviele ich von ihnen noch finden kann. Vielleicht sind sie unter den Toten. Mein Herz ist schwer und krank. Ich werde nie wieder kämpfen.«

Nez-Percé-Indianer. Dieser Volksstamm der Sahaptin-Sprachfamilie lebte im Herzen Montanas und an der Ostgrenze von Oregon im Felsengebirge

Indianer ergeben sich den US-Truppen

Kriegshäuptling der Nez Percé. Dieser Indianerstamm stand ursprünglich auf der Kulturstufe der Steinkocher, entwickelte sich dann zu einem Reiterstamm, der vor allem von der Bisonjagd und vom Sammeln der Camas-Zwiebeln lebte

Nach dem Massaker am Wounded Knee, 1890, bei dem Colonel E. V. Sumer und Mayor S. M. Whiteside die letzten, unbewaffneten, freien Sioux unter Häuptling Big Foot niedergemacht haben, werden die Toten bestattet: 84 Männer und Knaben, 44 Frauen, 16 Kleinkinder

Krieger der Nez Percé.
Im Jahr 1877 lieferten die Nez Percé unter Häuptling Joseph der US-Armee unter General Oliver Howard einen strategisch blendenden Kriegszug, der die US-Armee sehr schlecht aussehen ließ. Dieses als edelmütig, tapfer und intelligent beschriebene Volk wurde jedoch durch die brutale Machtpolitik der US-Armee zugrunde gerichtet. Die Nez Percé wurden in Reservationen in Idaho, Oregon und Washington zwangsevakuiert

Nez-Percé-
Baby

Epilog

»Sie sind ein kraftvolles Volk, stark und zäh. Sie fliegen auf in die Luft, in den Himmel, sie schwimmen im Wasser, sie graben sich in die Erde. Über der Erde töten sie alle Bäume und alles Gras und alle Früchte, und sie stecken ihre eigenen Bäume, ihr eigenes Gras hinein, bringen ihre eigenen Früchte hervor. Sie töten alle Tiere und setzen ihre eigenen Tiere an ihre Stelle. Aber die gute Erde ist tot, die guten Bäume, das gute Gras, die guten Früchte und die guten Tiere sind tot. Die Weißen kommen immer näher, unaufhaltsam. Dort hinten, New York, und all diese Orte, dort ist die Erde verschwunden. Sie nehmen den Donner, diese elektrische Kraft des Himmels, und beleuchten ihre Häuser, wenn es Nacht ist. So töten sie die Nacht mit totem Licht. Vielleicht sind sie sogar fähig, den Mond zu ergreifen, oder die Sterne, einen oder zwei, und mit ihrem Tod auch noch den Himmel zu erfüllen.«

Links Black Eagle, Häuptling der Nez Percé

Folgende Doppelseite Billy The Kid-Museum in Ford Sumner

BILLY The KID
MUSEUM
60,000 RELICS
BILLY THE KID
ANTIQUES BOUGHT & SOLD
SPECIALTY
THE KID

USEUM
WILLARD
VAUGHN
SUMNER
Coca-Cola
CLINES CORNER

Fred Last Bull, Bewahrer der Heiligen Pfeile,

sprach die auf der vorhergehenden Seite zitierten Worte über die Weißen im September 1957 in Busby, Montana. Und er fuhr weiter fort:

»Unsere alte Nahrung, die wir aßen, war gut. Das Fleisch des Büffels und des Wildes war gut. Es machte uns stark. Wir wußten nicht, was Krankheiten und Siechtum sind. Ihre Kühe, die so krank sind, daß sie ununterbrochen Milch geben, ihre Vögel, die so krank sind, daß sie ununterbrochen Eier legen, ihre Tiere, die so krank sind, daß sie ununterbrochen fetter und fetter werden, nicht mehr laufen, liegen oder sitzen, sondern nur noch essen können, immer nur essen, essen, essen, sind gut zu essen, ihr Fleisch ist weich und zart, aber man wird krank davon an Seele und Körper. Man will auch ununterbrochen Dinge hervorbringen, viel mehr als man braucht und als je gebraucht werden. Man will nicht mehr laufen, nicht mehr frei atmen, nicht mehr spüren, was gesund ist, weder Hunger, noch Durst, noch Erschöpfung, noch Hitze oder Kälte.

Unser Volk kannte einst nur lange Leben. Heute essen wir des weißen Mannes Nahrung, und wir leben nicht mehr so lange, wir sind nicht mehr gesund, weder im Körper noch im Geist. Wir erleben vielleicht sechzig Jahre, vielleicht sogar siebzig Jahre, aber keine hundert oder hundertzwanzig mehr. Ihre süße Medizin hat uns dies gebracht. Sie sagte, der weiße Mann sei zu stark. Sie sagte, seine Nahrung sei süß, und nachdem wir diese Nahrung kosteten, würden wir nur noch sie haben wollen und unser altes Leben vergessen. Wildkirschen und Präriepflaumen, wilde Wurzeln und den Honig der wilden Bienen.

Aber diese andere Nahrung ist zu süß. Wir essen sie und mit ihr, was eines Menschen unwürdig ist: das V e r g e s s e n.«

Der Weiße Mann, der seine Zivilisation und seine technischen Errungenschaften in das Land brachte, hätte von den Indianern viel lernen können, im Hinblick auf Naturverständnis und Toleranz. Die Indianer waren bereit, mit den Weißen in Frieden zu leben. Aber der Weiße Mann, der über die Meere, durch die Wälder, Steppen und Wüsten kam, hatte anderes im Sinn. Der Rote Mann war ihm im Weg.

So sind die Indianer heute eine Menschenrasse, die ihre Identität verloren hat. Zuviel Widersprüchliches und Gegensätzliches ist ihnen im Weißen Mann begegnet, das zu erfassen oder zu verstehen ihnen unmöglich war.

Die Trapper und Mountain-Men verstanden die Indianer, lebten mit ihnen, aber sie wandten sich schließlich wieder der Zivilisation zu oder verschwanden spurlos. Die hemmungslosen Goldsucher, die alles Lebendige um sich herum vernichteten und lebten, als wäre jeder Tag ihr erster und letzter — sie überfielen das Land und verschwanden wieder. Die Händler, Fabrikanten und Transportunternehmer machten Geschäfte, stellten Waren her, transportierten sie und strebten immer nach neuem Gewinn. Die Erbauer von Mauern, Straßen, Tunnels und Brücken, die Planer, Rechner und die Banken beanspruchten das ganze Land. Die Cowboys, an Strapazen gewohnt und mit der Natur verbunden, wurden vom wirtschaftlichen Fortschritt aufgesogen. Die emsigen und gottesfürchtigen Heimstätter, stark und ausdauernd, verteidigten das Land, das sie sich nahmen, gegen jeden. Die Eisenbahn-Arbeiter, die nicht nur mit Indianern, sondern auch untereinander Händel hatten, schufen die Vor aussetzungen des Besiedlungs-Booms im Westen. Die Bisonjäger töteten die Herden und nahmen den Indianern ihre Existenzgrundlage. Die Politiker vertraten nur die Interessen der Weißen nach europäischen Maßstäben, die Armee war ihr langer Arm. Die wenigen Stimmen, die ein menschliches Ver hältnis zu den Indianern verlangten, konnten den Untergang der Indianer nicht aufhalten.

Das ehemalige Indianerland ist heute einer der mächtigsten Staaten der Erde, stark in der Wirtschaft und stark an Kampfkraft. Wie Fred Last Bull vorausahnte hat dieser Staat schon den Mond »ergriffen« und sucht nach Wegen zu den Sternen.

Die Welt der Indianer aber hat aufgehört zu existieren.

Navaho-Behausung, Colorado. Diese typische Navaho-Hütte (Hogan) besteht aus Balken-, Bretter- oder Äste-Rahmen, die mit Lehm und Ton, auch mit Adobe-Ziegeln ausgefüllt sind. Der Hogan hat einen kreisrunden Durchmesser und die Form eines halbierten Eis. Manche dieser Behausungen sind auch heute noch bewohnt

Links Apache 1972. Die Lebensbedingungen der Reservations-Indianer allgemein sind im Durchschnitt schlechter als die anderer Volksgruppen. In großen Reservaten ist die Anpassung der Indianer an die Weißen schwieriger als in kleinen Reservaten. Die Lebenserwartung eines heute geborenen Indianers ist auf über 60 Jahre gestiegen, die Kindersterblichkeit ist allerdings sehr groß

Havasupai-Indianer

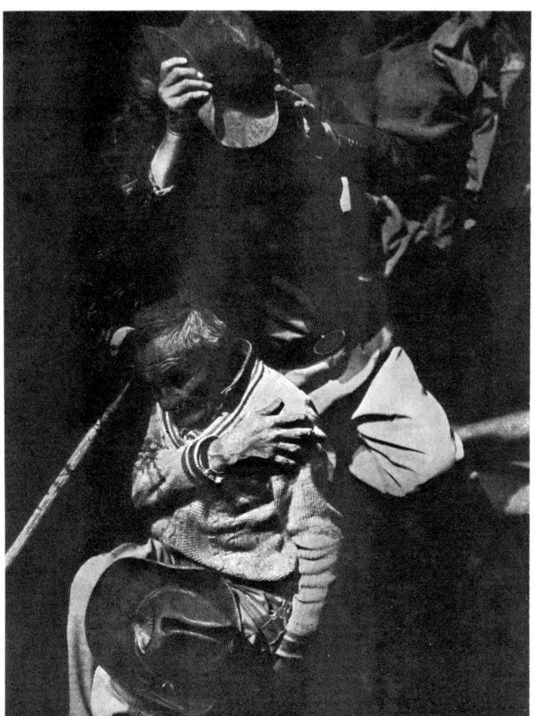

Rechts Eine Apachin versucht ihr Baby für 1 Dollar an Touristen zu verkaufen, um sich Bier verschaffen zu können, 1974

Die Nacht vor dem Pferdetanz — betrunkener Apache

Noch Hoffnung für Indianerkinder?

Rechts
Im Schatten des Sternenbanners

Literatur

Adam, L., Nordwestamerikanische Indianerkunst. In: Orbis Pictur 17, Berlin 1923

Ambrose, St. E., Der Häuptling und der General. Entscheidung am Little Bighorn, Hamburg 1977

Athearn, R. G., William Tecumseh Sherman

Bandi, H. G., Urgeschichte der Eskimo, Stuttgart 1965

Baumann, P., Die Erben von Tecumseh und Sitting Bull, 1975

Beebe, L., Clegg, C., The American West

Boas, F., Indianische Sagen von der nordpazifischen Küste Amerikas, Berlin 1895

Brady, C. T., Indian Fights and Fighters, New York 1927

Brown, D., Begrabt mein Herz an der Biegung des Flusses, 1972

Brown, D., Im Westen ging die Sonne auf, Hamburg 1975

Catlin, G., Die Indianer Nord-Amerikas, 2. Aufl. Berlin 1924

Ceram, C. W., Der erste Amerikaner, Reinbek bei Hamburg 1972

Clark, T. C., Frontier America

Clark, W. P., The Indian Sign Language, 1885

Curtin, E. S., The North American Indian, 20 Bde., New York 1907—1930, Reprint 1970

Debo, A., A History of the Indians of the United States, Norman 1970

Dräger, L., Formen der lokalen Organisation bei den Stämmen der Zentral-Algonkin von der Zeit ihrer Entstehung bis zur Gegenwart, Veröff. d. Museums f. Völkerkunde Leipzig, Berlin 1968

Eastman, Ch. A., Indian Heroes and Great Chieftains, 1920

Fehrenbach, T. R., Comanchen, Hannover 1975

Fielder, M., Sioux Indian Leaders, 1975

Forbes, J., Apache, Navaho and Spaniard, Norman 1960

Foreman, G., Indians and Pioneers, 1930

Foreman, G., Indian Justice, 1934

Grinnell, G. B., The Cheyenne Indians, New York 1923

Hackel, J., Totemismus und Zweiklassensystem bei den Sioux-Indianern. In: Anthropos, 32. S. 210 ff., Wien Mödling 1937

Hagen, Ch. S., Die Feuerwaffen der Pioniere, Stuttgart 1975

Hagen, Ch. S., Die Indianerkriege, Stuttgart 1976

Hagen, Ch. S., Sheriffs, Outlaws und Banditen, Stuttgart 1975

Hansen, W., Die Reise des Prinzen Wied zu den Indianern, Pfaffenhofen-Ilm 1977

Hartmann, H., Die Groß Ventre und ihr Hochgott. In: Ztschr. f. Ethnologie 93. S. 73—83, Braunschweig 1968

Hartmann, H., Die Plains- und Prärieindianer Nordamerikas, Berlin 1973

Hassrick, R. B., The Sioux: Life and Customs of a Warrior Society. 1964

Hassrick, R. B., North American Indians, 1974

Horan, I. D., The Great American West

Jeier, Th., Die letzten Söhne Manitous, Düsseldorf Wien 1976

Jenness, D., The Indians of Canada, 4. Aufl., Ottawa 1958

Kappler, Ch. J., Indian Laws and Treaties, 2 Bde. 1904
Krause, F., Die Kultur der kalifornischen Indianer, Leipzig 1921
Kriekeberg, W., Das Kunstgewerbe der Eskimo u. Nordamerikanischen Indianer, In: Bossert, H. Th., Geschichte des Kunstgewerbes aller Zeiten u. Völker II. S. 154—244, Berlin 1929
Läng, H., Indianer waren meine Freunde. Leben und Werk Karl Bodmers, Bern 1976
Lindig, W., Geheimbünde und Männerbünde der Prärie- und der Waldlandindianer Nordamerikas. In: Studien zur Kulturkunde, 23, Wiesbaden 1970
Lindig, W., Die Kulturen der Eskimo und Indianer Nordamerikas. In: Handbuch der Kulturgeschichte, hrsg. v. E. Thurner, 2. Abt. Frankfurt a Main 1972
Lindig, W., Münzel, M., Die Indianer. Kulturen und Geschichte der Indianer Nord-, Mittel- und Südamerikas. München 1976
Mayer, F. H., The Buffalo Harvest
Mittler, M., Eroberung eines Kontinents, Zürich, Freiburg im Breisgau 1968
Monaghan, J., The Book of American West
Müller, W., Die Religion der Waldlandindianer Nordamerikas, Berlin 1956
Müller, W., Glauben und Denken der Sioux, Berlin 1970
Owen, R. C. u. a., The North American Indians. A Sourcebook. New York/London 1967
Paine, B. H., Pioneers, Indians and Buffaloes, 1935
Pinnow, H. J., Die nordamerikanischen Indianersprachen, Wiesbaden 1964
Pleticha, H., Auf der Spur des Roten Mannes, 1975
Rie, F. G., The Indian and the Horse, 1955
Schwarzer Hirsch, Die heilige Pfeife, Olten/Freiburg im Breisgau. Dt. Übersetzung
Scherer, J. C. u. Walker, J. B., Indianer, Zürich, Stuttgart/Wien 1975
Stammel, H. J., Das waren noch Männer. Die Cowboys und ihre Welt, Düsseldorf, Wien 1970
Stammel, H. J., Der Cowboy. Legende und Wirklichkeit von A—Z, Gütersloh/Berlin/München/Wien 1972
Stammel, H. J., Indianer. Leben, Kampf, Untergang. Legende und Wirklichkeit von A—Z, Gütersloh, Berlin 1977
Swanton, J. R., The Indians of the Southeastern United States, Veröffentlichung des Bureau of American Ethnology-Bulletins, Washington 1946
The American Heritage Book of Indians, hrsg. v. A. M. Josephy Jun., 1961
Washburn, W. E., The Indian and the White Man, 1964
Wiltsey, N. B., Die Herren der Prärie, Stuttgart 1965
Wissler, C., Indian of the United States, New York 1932

Register

Kursiv gesetzte Ziffern verweisen auf Abbildungen

Abbildungen: Paolo Koch, Zollikon (3); Dr. Hans Kramarz, St. Augustin (1); Laenderpress, Düsseldorf (1) Bildagentur Mauritius, Mittenwald — Kramarz (1).
Das übrige Bildmaterial stellte freundlicherweise die Deutsche Westerners Gesellschaft, Alpirsbach, zur Verfügung.